Ensaios sobre a evolução do capitalismo e do marxismo

Sergio Couri

Ensaios sobre a evolução do capitalismo e do marxismo

2ª edição
revista e ampliada

EDITORA
UnB

Equipe editorial: Airton Lugarinho (Supervisão editorial); Rejane de Meneses (Acompanhamento editorial); Rejane de Meneses e Rúbia Maria Pereira (Preparação de originais e revisão); Raimunda Dias (Editoração eletrônica); André Luís (Capa)

Impresso no Brasil

Direitos exclusivos para esta edição:

Editora Universidade de Brasília
SCS Q. 02 Bloco C Nº 78
Ed. OK 2º andar
70300-500 Brasília DF
Tel: (0xx61) 226-6874
Fax: (0xx61) 225-5611
editora@unb.br

Ficha catalográfica elaborada pela
Biblioteca Central da Universidade de Brasília

Couri, Sérgio
C859e Ensaios sobre a evolução do capitalismo e do marxismo / Sérgio Couri. – 2. ed. – Brasília : Editora Universidade de Brasília, 2001
198 p.

ISBN: 85-230-0607-9

1. Capitalismo. 2. Sistemas econômicos. 3. Economia capitalista. 4. Economia política. I.Título.

CDU 330.342.0001.36

Sumário

Prefácio à segunda edição

A reedição dos *Ensaios sobre a evolução dos sistemas econômicos*, rebatizada de *Ensaios sobre a evolução do capitalismo e do marxismo*, e o respectivo trabalho de revisão, levou-me a uma auto-revisitação da qual extraio algumas considerações que ora proponho aos leitores desta segunda edição.

De início, o porquê da alteração no título. No período 1977-1982, em que o texto foi escrito, os temas relacionados com o marxismo representavam tabu na sociedade e no debate acadêmico brasileiros – respeitado até por quem, como eu, não militasse na ideologia de Marx e Engels –, em virtude do regime político de então. Optei, pois, por aquele primeiro título, mais genérico, embora o livro somente versasse sobre os dois sistemas mencionados no segundo. Assim procedi para recorrer a expediente de que se valia a New York University que, no tempo em que freqüentei o *campus* do Greenwich Village, agia dessa forma no propósito de facilitar – a estudantes de países em desenvolvimento submetidos a regimes autoritários de direita – o acesso ao curso de economia marxista que oferecia em nível de mestrado. Hoje, com o retorno do país à vida constitucional, sinto-me à vontade para utilizar o título adequado.

De qualquer modo, o texto desferia corte histórico e seccional no capitalismo e no marxismo na vigência do Conflito Leste-Oeste. Ao revisá-lo, minha preocupação não foi tanto a de atualizar números – os quais visam unicamente a suportar as conclusões, que a história recente confirma, do livro ambientado naquela macroestrutura política internacional – foi mais a de insistir, com olhos de dezessete anos depois, no aprimoramento do texto.

É desejo meu tecer, neste prefácio, considerações adicionais ao que está no corpo do livro. Assim, acredito que as contribuições maiores do trabalho à ciência econômica possam ser sintetizadas do seguinte modo:

a) uma sistematização da literatura comparativa de Marx e de Keynes até 1978, ano em que a primeira parte do livro foi submetida à New York University como tese de mestrado (capítulos 1 a 4);
b) uma evidência da atualidade, dentro do sistema capitalista, da tese de Marx sobre a contradição fundamental do capitalismo (capítulo 5);
c) uma evidência, com base no método histórico, da dialética liberalizante que opera nas sociedades marxistas (capítulos 6 e 7);
d) uma evidência, com base no método histórico, da dialética socializante que opera dentro do sistema capitalista (capítulo 8);
e) uma síntese dialética, que desponta na corrente sociedade industrial, entre liberdade e igualdade (conclusão).

O prosseguimento de minha pesquisa é o desenvolvimento da conclusão, o que foi levado a efeito nos trabalho intitulados *Duas reflexões para uma economia política*[1] e *Liberalismo e Socialismo*,[2] e continua com o Discurso liberal social e economia política do liberalismo social, sobre os quais ora me debruço.

Creio conveniente ainda tecer algumas considerações em torno da teoria da mais-valia e da contradição fundamental do capitalismo (capítulo 5).

Em *Ensaios...*, deixei implícita minha aceitação da teoria da mais-valia, sem discutir fundamentos que justificassem essa conclusão, já que a existência de tal teoria é contestada pela teoria econômica ortodoxa, a qual qualifica a primeira, como a todos os demais agregados marxistas, como um conceito teoricamente puro, não suscetível de comprovação empírica.

---

1 Roma, Bulzoni Editore, 1990.

2 Brasília, Editora Universidade de Brasília, no prelo.

Hoje, concordo com os economistas ortodoxos nesse particular, mas não nego a existência da mais-valia. Para justificar essa posição, terei de transcender os limites da ciência econômica para buscar ajuda na filosofia. A ética bifurca-se em dois grandes caminhos: o da ética individualista, que é uma distorção da ética liberal; e o da ética socialista. A primeira olha as relações de produção, como, de resto, tudo, sob o prisma exclusivo da *competição*. Assim, nada em economia é justo ou injusto: apenas *é*. Não existem juros altos nem relações de troca desfavoráveis. Também não existem salários baixos ou abaixo de seu próprio valor. A competição age mediante a lei da oferta e da procura; lei que determina preços, juros, salários e tudo o mais. Portanto, não existe mais-valia. A ética socialista encara as relações de produção sob o prisma da *justiça*. Essa ótica comporta efetivamente uma adjetivação. Assim, os juros podem ser altos ou baixos, bem como os salários e os preços desde que não satisfaçam a um patamar de anseios de certas categorias de sujeitos econômicos que o bom-senso qualifica de razoáveis e necessárias. A ética socialista admite, efetivamente, a noção de mais-valia, particularmente quando se comparam os ganhos do capital e os rendimentos do trabalho, e o padrão de vida dos capitalistas e o das massas trabalhadoras.

Em benefício da ética ortodoxa, e em prejuízo dos que defendem a existência da mais-valia, não há, na verdade, um critério objetivo e racional para determinação da existência do justo e do injusto, e muito menos um critério para quantificação do justo e do injusto. Tudo depende de aceitar ou não a ética individualista ou a ética socialista, e, mesmo neste último caso, certamente persistirão diferenças subjetivas quanto aos limites entre o justo e o injusto na distribuição dos recursos socialmente gerados.

O que me leva a acreditar na existência da mais-valia é uma dificuldade que nesse particular tenho com a ética individualista, ou seja, a de que sinto efetivamente existir uma margem de injustiça, não sei precisar quanta, nas relações sociais, as quais não se explicam por diferenças de aptidão competitiva, e sim por uma efetiva desigualdade na distribuição de oportunidades, ainda que a ética individualista possa proclamar que a distribuição de oportunidades não se deva dar mediante um critério de igualdade, e sim mediante maior aptidão na apreensão das próprias oportunidades por parte dos indivíduos. Admitir a inexistência da injustiça seria admitir uma perfeição ética que não condiz com a realidade do gênero humano. Com tudo isso, reconheço a impossibilidade de se comprovar se há injustiça em sentido absoluto, e acho que só quem sofreu pelo menos uma grande injustiça pode acreditar em sua existência.

Alguns economistas, como Schumpeter, têm procurado fazer ver que o excedente para a acumulação capitalista não provém de mais-valia, mas das sucessivas ondas tecnológicas que, ao possibilitarem lucros acima da média, por um certo tempo, às empresas que lançam no mercado bens fabricados de acordo com as novas tecnologias, recolhem do consumidor, e não do empregado assalariado da própria empresa, os recursos para o investimento e a acumulação. Entretanto, numa análise de longo prazo desse mecanismo, ver-se-á que nele está embutida a noção de mais-valia. Em primeiro lugar, porque o consumidor assalariado é um *price-taker*, enquanto o produtor é um *price-maker*. Esse lucro é realizado, portanto, sobre o assalariado, já que o empresário (que na realidade é um microempresário) tem como repassar os custos mais elevados de aquisição dos novos bens aos *price-makers*. É de supor, por outro lado, um rodízio de inovações tecnológicas por indústria, pois, caso essas ocorressem sempre numa mesma indústria, as demais descapitalizariam até o limite da viabilidade. Assim, a explicação da acumulação capitalista por meio das ondas tecnológicas apenas ensina que a mais-valia não tem de ser diretamente obtida, por uma firma, sobre seu próprio trabalhador assalariado, ela pode até mesmo ser extraída, por uma empresa ou indústria, dos assalariados das demais empresas ou indústrias, ou, para usar uma expressão mais genérica, do consumidor.

Do que vai exposto, permanece minha crença na contradição fundamental do capitalismo, como resultante da tendência do sistema em expandir mais rapidamente a oferta do que a procura, em função da mais-valia. À diferença de Marx, entretanto, não creio seja essa uma lei que presida, necessariamente, a destruição do capitalismo. Ao contrário, é uma lei bifacial. Será a lei da destruição caso o capitalismo não encontre, por meio da evolução tecnológica, novas oportunidades de aplicação da mais-valia, o que, segundo Marx, irremediavelmente aconteceria, mas, segundo a história, não tem ocorrido, já que o capitalismo encontrou oportunidades rentáveis de investimento nos mercados imperiais, nas inovações tecnológicas, no aparelho circulatório e nas multinacionais, dentre outros fatores, como agora encontra na globalização. Será a lei da sobrevivência do capitalismo enquanto essas válvulas de escape, e outras que porventura possam vir a ser descobertas, atuarem como canais de aplicação de mais-valia em investimentos rentáveis.

O curso do pensamento seguido em *Ensaios...* não ensejou, outrossim, maiores digressões em torno de um fenômeno importante, a saber: o do surgimento e do fortalecimento, nos países de sistema de mercado, da burocracia, a qual em muitos já constitui uma classe social com contornos bem definidos. Hoje em dia, não se podem considerar fenômenos como mais-valia, inflação, transnacionais, etc., sem se analisar o papel que a burocracia joga nisso tudo. Entretanto, se ora assinalo o fato, não me preocuparei com ele no momento, uma vez que o desenvolvimento de minha pesquisa ocupar-se-á com a burocracia como fenômeno no momento oportuno.

É, contudo, a factualidade das conclusões então apresentadas que, dezessete anos após a primeira edição, quero comentar.

Com relação ao capitalismo, *Ensaios...* apontava em duas direções. A primeira era a de que a estabilização do sistema se apoiou historicamente em dois pilares: (i) reformas sociais, que diminuem a insatisfação no seio das massas e redistribuem a renda, e arrefecem as tendências à queda na taxa de lucros e à irrealização do produto, e (ii) expansão de mercados, que igualmente mitiga aquelas tendências, sem se preocupar com redistribuição de renda.

Com efeito, ao longo da história do capitalismo, macroestruturas de agudas tensões sociais alternaram-se com outras de expansão de mercados. As primeiras compõem basicamente o período que vai dos primórdios do capitalismo industrial, na segunda metade do século XVIII, até 1850, e o que medeia entre a Primeira e a Segunda Grandes Guerras Mundiais. As segundas são o período que se estende de1850 até a Primeira Grande Guerra e o que vem do final da Segunda Grande Guerra até os dias correntes. Cada uma das macroestruturas, por sua vez, tem ciclos nítidos, conforme a ocorrência de fases de recessão ou de depressão.

Os dias atuais esticamos de 1983, quando da primeira edição, em que o pós-guerra retomara o crescimento capitalista comprometido no entreguerras, particularmente pela Grande Depressão da década de 1930. À medida que a década de 1980 corria, ia-se consolidando no cenário internacional a relação de produção, sucedânea do colonialismo, do imperialismo e das multinacionais, que iria permitir a continuidade da expansão do sistema – a chamada globalização de mercados.

Estou convencido de que a globalização corresponde às necessidades de um capitalismo tecnologicamente avançado e maduro, de economias de escala, de externalidades e de produção em massa, e carece de mecanismos ágeis de mercado.

O impulso inicial da globalização deu-se em 1957, com a constituição, pelo Tratado de Roma, do Mercado Comum Europeu, hoje União Européia. Sob sua égide, a Europa Ocidental vem atravessando período de crescimento do produto e da renda sustentado na média da série temporal. O aumento das taxas de produtividade na Europa ao longo desse período, a rápida recuperação das economias européias, a competição econômica com os Estados Unidos da América, que, na década de 1960, passaram a acumular déficits periódicos em suas transações comerciais com os países europeus, foram o êmulo da criação, em 1987, da Associação Americano-Canadense de Livre Comércio (Cufta) e, em 1992, da Associação Norte-Americana de Livre Comércio (Nafta), com a inclusão do México.

Foi também impulso o fim do Conflito Leste–Oeste, com a Reunião de Paris, em 1990, da Conferência sobre Cooperação e Segurança na Europa, porquanto afrouxou a necessidade de coesão entre esta e os Estados Unidos, de bases estratégicas, e fez que a Europa avançasse com maior desenvoltura em seu processo de integração.

A partir daí, precipitou-se a criação dos grandes blocos, como o Mercosul em 1991, com o Tratado de Assunção, que elevou a patamar mais alto os esforços antes desenvolvidos no seio da Associação Latino-Americana de Livre Comércio (Alalc) (1960), posteriormente convertida em Associação Latino-Americana de Desenvolvimento e Integração (Aladi) (1980), e do Sistema Econômico Latino-Americano (Sela) (1975) e a Cooperação Econômica na Asia e Pacífico (Apec), em 1989.

Em 1994, em Marrakesh, concluir-se-ia a Rodada Uruguai, sob o manto da Organização Mundial de Comércio (OMC), com um sem-número de acordos favorecendo a intercomunicação dos diversos blocos no que tange a concessões tarifárias e outras comerciais.

Os blocos de comércio, com a OMC, são assim os agentes principais da economia globalizada. Estabelecem associações entre si, ou então isoladamente com países de outro bloco, como é o caso recente do México, que acaba de assinar acordo de liberalização comercial com a União Européia. Se prosseguirem nessa tendência a estabelecer vasos comunicantes, findarão por transformar todo o mundo, ou a maior parte dele, num único mercado global.

Claro está que a Reunião de Seattle, em novembro de 1999, introduziu elemento de perplexidade nesse quadro, porquanto nela ecoou o protesto vigoroso dos trabalhadores norte-americanos com a ameaça ao volume de emprego nos países desenvolvidos ensejada pela globalização. Acredito, entretanto, que o próprio aumento da produção global – aliada a reajustes sociais que deverão ocorrer de modo espontâneo, como a diminuição de taxas de crescimento vegetativo, e as possibilidades da sociedade pós-industrial – irá, com o tempo, mas não sem processo crítico, assegurar o emprego das massas hoje ameaçadas, apesar das técnicas de uso intensivo de capital. Principalmente, a globalização é fenômeno que parte da infra-estrutura, das relações técnicas de produção capitalista, dos meios e modos de produção, e dificilmente será detida por manifestações que ocorram na estrutura, no campo das relações de produção. Antes, são essas que terão de se adaptar às primeiras.

Com relação às reformas sociais, o casamento necessário entre o chamado neoliberalismo e a globalização, aliado ao colapso simultaneamente ocorrido dos modelos socialistas, trouxe ao cenário intelectual a sofreguidão de Francis Fukuyama que, em seu livro, *O último homem e o fim da história*, proclama o triunfo das idéias liberais, porquanto, com o fim do socialismo, desapareceria, a seu ver, a antítese do liberalismo, o que estaria a fazer deste uma tese "fixa". Trata-se de conceptualismo que ignora o fato de o baque no socialismo não ter revertido conquistas sociais que se fizeram historicamente sob sua inspiração ou ação direta, como o direito de greve, a redução da jornada de trabalho, o salário-família, o seguro-desemprego, e assim por diante. Isso para não mencionar o fato de que os anos recentes têm visto a alternância política entre governos liberais e socialistas.

Se não há esse predomínio das idéias liberais, ocorre sem dúvida revigoramento dos valores liberais, do qual é prova inconteste a redefinição, nas últimas décadas, do papel do Estado. Se as duas grandes conflagrações mundiais do século XX e o *crackdown* da Bolsa de Nova York em 1929 desencadearam processo de intervenção do Estado na economia, como agente regulador e produtor, o *boom* neoliberal tem feito que, principalmente sob a influência das instituições de Bretton Woods, os diversos Estados da comunidade internacional se submetam a dieta de emagrecimento, e que procurem minimizar sua atividade produtora e submeter as respectivas sociedades nacionais a um mínimo de regulamentação.

Com relação ao marxismo, o vaticínio feito foi o de que estavam ocorrendo pressões liberalizantes nas respectivas sociedades; pressões que visavam a superar as limitações e as contradições da economia de planejamento integral, além de contradições políticas e econômicas dentro do próprio sistema, as quais comprometiam sua eficácia.

No que tange aos ulteriores eventos na antiga União Soviética e na China ligados à dialética liberalizante, a qual, sustento, opera nos sistemas marxistas (capítulos 6 e 8), o fenômeno que assinalo como mais relevante são as evoluções ocorridas na primeira a partir do XXVII Congresso do Partido Comunista da União Soviética (PCUS), em 1986; e, na China, a partir do XI Congresso do Partido Comunista Chinês. Esses fenômenos confirmaram a tendência apontada em 1983 neste livro, a saber, a de que se operava uma dialética liberalizante nos países marxistas.

Na URSS, o movimento chamado *perestroika* (reestruturação), incitou toda uma série de reajustes na estrutura marxista da organização social soviética, com vistas a corrigir alguns defeitos que foram nela se arraigando com a implantação do socialismo. Como uma das teses principais de *Ensaios...* residia numa dialética liberalizante das sociedades marxistas, penso ser útil dedicar ao tema algumas linhas. E o farei a partir daquilo que Mikhail Gorbachev, secretário-geral do Partido Comunista da União Soviética, e presidente do *Praesadium* do Soviete Supremo, expôs em seu livro.[3]

Tenho entendido, do que li, que a *perestroika* foi a oficialização parcial, pelo PCUS, se não da dialética liberalizante a que aludi, pelo menos da necessidade de incorporar ao sistema soviético algumas das liberdades que deixaram de existir com a implantação do marxismo. Essas liberdades situavam-se mais bem no campo econômico do que no político (no qual só se mencionava a possibilidade de escolha entre mais de um candidato nos distritos), e eram, principalmente:

- A liberdade das empresas estatais com relação ao Gosplan (órgão central de planejamento da antiga URSS): "Libertaremos a administração central das funções operacionais na direção das empresas, e ela poderá concentrar-se nos processos-chave para determinar a estratégia do crescimento econômico".[4]
- A liberdade dentro da empresa: "*Perestroika* significa iniciativa de massa. É o total desenvolvimento da democracia, autogestão socialista, encorajamento da iniciativa e do empenho criativo, disciplina e ordem melhoradas, mais *glasnost*, críticas e autocríticas em todos os campos de nossa sociedade".[5] Ou ainda: "...deveríamos nos apoiar na iniciativa e na criatividade das massas, na participação ativa das mais amplas faixas da população para implementar as reformas planejadas, ou seja, com democratização e mais democratização".[6]
- A reabilitação de categorias econômicas típicas do capitalismo, por meio da contabilidade de custos e da reabilitação do papel da moeda, para o que não hesitava Gorbachev em ferir a própria ortodoxia marxista: "A economia política do socialismo está repleta de conceitos antiquados e não mais se encontra sintonizada com a dialética da vida. A filosofia e a sociedade, também, estão se arrastando atrasadas em relação às exigências práticas.

---

3 M. Gorbachev, *Perestroika. Novas idéias para o meu país e o mundo*, São Paulo, Editora Best Seller, 1987.

4 *Idem, ibidem*, p. 35.

5 *Idem, ibidem*, p. 36.

6 *Idem, ibidem*, p. 47.

As ciências históricas precisam passar por uma revisão importante".[7] E ainda: "Muitas coisas são estranhas em nosso país atualmente: eleições de gerentes de empresas e de escritórios; diversos candidatos para eleições em alguns distritos soviéticos; empreendimentos conjuntos com empresas estrangeiras; indústrias e fábricas; fazendas estatais e coletivas, todas autofinanciadas; suspensão de restrições quanto a produtos alimentícios produzidos em fazendas para empresas e administradas por elas; mais atividades cooperativistas; encorajamento de empresa individual com produção e comércio em pequena escala; e o fechamento de fábricas e de indústrias que operam com prejuízo, bem como de institutos de pesquisa e de estabelecimentos educacionais em nível superior que funcionam de forma ineficaz".[8]

Não me sobravam dúvidas, à luz dessas evidências, de que a *perestroika* tinha por principal objetivo não a aceleração da restauração das liberdades políticas e civis na URSS, e muito menos a democracia, mas a concessão de incentivos ao cidadão soviético para que ele se tornasse mais produtivo e para que, ao fazê-lo, pudesse tirar a economia soviética da estagnação que já a ameaçava. A essência da *perestroika* era o aceno de maior satisfação material ao indivíduo, como recompensa por sua maior produtividade, conforme havia sido antevisto em *Ensaios*... De quebra, havia um compromisso de Gorbachev em diminuir alguns dos males que afligiam a economia soviética, como, por exemplo, o excesso de burocracia e de centralização e a anemia rural por meio de contratos individuais, coletivos e de arrendamento.

Entretanto, Gorbachev eludia a palavra liberdade, que só é usada no texto umas poucas vezes – praticamente com sentido pejorativo –, para afirmar que a essência da *perestroika* era o socialismo com democracia:

> Agora nos vamos ater firmemente à idéia de que só podemos ter progresso na produção, ciência, tecnologia, cultura e arte, e em todos os campos sociais, se promovermos o desenvolvimento

7 *Idem, ibidem*, p. 53.

8 *Idem, ibidem*, p. 73.

> constante das fórmulas democráticas inerentes ao socialismo e à expansão da autogestão. Esse é o único modo de garantir uma disciplina consciente. Já que vemos nossa tarefa como a liberação e o uso do potencial socialista por meio da intensificação dos fatores humanos, não pode haver outro caminho senão o democrático, incluindo-se aí reforma do mecanismo econômico e da administração, uma reforma cujo principal elemento é a promoção do papel dos coletivos de trabalhos.[9]

Mais adiante afirmava: "A essência da *perestroika* está no fato de ela unir o socialismo com a democracia e reviver o conceito leninista de construção socialista na teoria e na prática".[10]

O fundamento doutrinário de socialismo com democracia é o próprio Lenin, que, segundo Gorbachev, foi um apólogo dessa combinação:

> No Ocidente, Lenin é muitas vezes respeitado como defensor de métodos autoritários de administração. Sinal não só de total ignorância mas, e não raro, de deliberada distorção de suas idéias. Na verdade, de acordo com Lenin, o socialismo e a democracia são inseparáveis. As massas trabalhadoras chegam ao poder quando obtêm liberdades democráticas. É também somente em situação de expansão da democracia que podem consolidar e exercitar seu poder. Há mais de uma idéia leninista notável: quanto mais ampla a meta do trabalho e mais profunda a reforma, maior é a necessidade de aumentar o interesse por elas e convencer milhões e milhões de indivíduos de sua necessidade. Isso significa que, se nos lançarmos para fazer uma reestruturação total e radical, precisaremos também desenvolver completamente o potencial da democracia.[11]

Ora, transformar Lenin em apólogo da democracia socialista era um pouco ir contra a realidade histórica. Lenin foi o pai do centralismo, o qual, embora sob Lenin rotulado de democrático, substituiu na gestão da Revolução de Outubro a espontaneidade das massas pelo elitismo. Criticou-o Rosa Luxemburgo, em nome

9 *Idem, ibidem*, p. 33.
10 *Idem, ibidem*, p. 37.
11 *Idem, ibidem*, p. 33.

da "espontaneidade revolucionária", que dispensa a orientação educativa ou manipulativa de um "partido de vanguarda". Contra o centralismo de Lenin e de Trotsky, Luxemburgo argumentava:

> A vida pública de países com liberdade limitada é tão assolada pela pobreza, tão miserável, tão rígida, tão infrutífera, precisamente porque, por meio da exclusão da democracia, elimina as fontes vivas de toda riqueza e progresso espiritual.[12]

Insurgia-se ela contra a repressão da vida política na URSS sob Lenin, na medida em que tal repressão tornava o próprio conselho de sovietes inexpressivo como representação das massas laborais. Socialismo para ela requeria vida pública e controle público, e não o domínio de uma minoria. O que mais tarde permitiria a Gorbachev identificar Lenin com a democracia foi, ao contrário do escrito àquela época, por Luxemburgo, a irrupção de Stalin na cena política, com o que mesmo o "centralismo democrático" se perverteu em "centralismo burocrático".

Cabe ainda uma observação a Gorbachev pelo uso da palavra democracia e pela supressão da palavra liberdade. Liberdade tem que ver com o maior ou o menor grau de interferência do Estado na sociedade e na vida dos indivíduos; democracia, com o modo pelo qual se determinam os gestores do Estado. Vê-se, então, que, embora não sejam a mesma coisa, liberdade pressupõe democracia e democracia pressupõe liberdade. Como, então, falar sobre democracia e evitar discutir liberdade?

O de que efetivamente se tratava, portanto, não era democracia, de resto inexistente em todo o mundo, utopia que é, e, particularmente na URSS, antes e depois da *perestroika*, mas de uma parcimoniosa reabilitação de algumas liberdades no campo econômico. Tinha-se, pois, que a *perestroika* era uma espécie de fusão de modelo húngaro (Nova Política Econômica implantada com sucesso na Hungria a partir de 1968) com autogestão iugoslava. Até aí tudo bem. O problema era que, a certa altura de sua exposição, Gorbachev afirmava ser essa a verdadeira democracia:

---

[12] Rosa Luxemburgo, *A Revolução Russa*, New Haven e Londres, Yale University Press, *apud* I. Howe, *Essential works of socialism*, 1976, p. 256.

aquela que se exerce no interior da empresa e diz respeito às condições de vida dos trabalhadores.

A *perestroika* oferecia, com tudo isso, pelo menos um risco. Se, de um lado, evitava falar em liberdade – a sociedade soviética permaneceria fechada, governada rigidamente de cima para baixo –, de outro fazia uma apologia do indivíduo:

> Envolver o indivíduo em todos os processos constitui o aspecto mais importante do que estamos fazendo. A *perestroika* deve contribuir para elevar o nível da sociedade, e, acima de tudo, do próprio indivíduo.[13]

Ou então:

> Atualmente, nossa tarefa principal é erguer o indivíduo espiritualmente, respeitando seu mundo interior e dando-lhe apoio moral (...). O indivíduo precisa sentir e saber que necessitamos de sua contribuição, que sua dignidade não está sendo prejudicada, que está sendo tratado com confiança e respeito. Quando enxerga tudo isso, é capaz de realizar mais e mais.[14]

Ora, se essa valorização do indivíduo não tinha por objetivo chamá-lo ao exercício das funções inerentes ao cidadão responsável, e sim estimulá-lo a produzir mais para ganhar mais, corria o risco de incitá-lo ao individualismo, cuja ética é oposta à do socialismo, além de ter sido a própria justificativa para a revolução marxista. Para tanto, Gorbachev não hesitava mesmo em criticar as tendências igualitárias exageradas.

Não se poderia deixar de mencionar que a análise que Gorbachev empreendia do desempenho da economia soviética era sintomatológica, não entrando ele a fundo na teia de relações causa/efeito, que eram então responsável pelos problemas que afligiam a economia soviética, tal como abordado nos capítulos 6 e 8 de *Ensaios*... Tudo se resumia num raciocínio simplista: interessando-se mais o homem pela produção, ele produzirá mais e a produtividade aumentará.

---

[13] M. Gorbachev, *ibidem*, p. 29.

[14] *Idem, ibidem*, p. 30.

Finalmente, tinha eu certa dificuldade em aceitar que a *perestroika* fosse uma *revolução*, como insistia Gorbachev:

> A *perestroika* é um processo revolucionário porque constitui um salto à frente no desenvolvimento do socialismo e na realização de suas características essenciais.[15]

Revolução é quando se pega em armas, quando se faz correr sangue, quando se mata gente. A *perestroika* era, portanto, reforma, não revolução. Só pude atribuir tal engano à ansiedade dos dirigentes soviéticos de naquele momento obter resultados de curto prazo.

Na China, vinha ocorrendo, há uma década, fenômeno semelhante, o qual é parcialmente abordado neste livro. Apenas de uns anos para cá a dialética liberalizante se dava em um ritmo mais acelerado. As resoluções constantes do "Comunicado da 3ª Seção Plenária do XI Comitê Central do Partido Comunista Chinês" (PCC), aprovado em 22 de dezembro de 1978, deram origem ao Plano Bienal 1980-1981, o qual defende a modernização na agricultura, indústria, defesa, ciência e tecnologia, seguido do VI Plano Qüinqüenal (1981-1985), no qual foram lançadas as bases para a construção da nova sociedade. Com a implantação do VII Plano Qüinqüenal (1986-1990), verificava-se a continuação e o aproveitamento dessa experiência.

Em resumo, a evolução do marxismo chinês pode ser dividida em três fases históricas distintas: a primeira, de 1949 a 1957, em que a ênfase foi dada ao estabelecimento de um modelo coerente com o soviético; a segunda, de 1958 a 1976, marcada pela ascendência e pelo declínio do maoísmo, caracterizou-se por campanhas de mobilização de massa, por grande número de conflitos e por expurgos no Partido; e a terceira, iniciada após a morte de Mao em 1976, que trouxe modificações marcantes ao modelo ideológico marxista-leninista.

A morte de Mao e de sua ortodoxia abriu caminho para a reavaliação do modelo maoísta; a nova administração, liderada por Hua Kuofeng, tratou inicialmente de consolidar sua própria lide-

---

15 *Idem, ibidem*, p. 55.

rança, para tanto promovendo mudanças políticas pouco significativas.

O XI Congresso do Partido Comunista Chinês, em 1977, pode ser considerado como o ponto de inflexão da política interna chinesa, com a ênfase dada por Hua Kuofeng nas quatro grandes prioridades nacionais: agricultura, indústria, defesa e ciência e tecnologia. De grande importância, também, foi o retorno de Deng Xiaoping (1977), como vice-secretário, ao PCC, do qual fora expurgado, por mais de uma vez, por suas idéias pragmáticas.

Dois anos após a morte de Mao, em 1976, Deng Xiaoping já se tinha consolidado como o novo líder da China, arquitetando a promoção de seus seguidores e iniciando uma série de reformas audaciosas, visando a sanear os erros da Revolução Cultural, na tentativa de promover o desenvolvimento da nação; a política econômica teve, pois, desde o início, grande prioridade.

A nova liderança deu ênfase primordial a quatro áreas de atuação: a) repúdio à Revolução Cultural, o que reabilitou suas vítimas sem contudo deixar de preservar os valores fundamentais de Mao; b) retorno aos padrões acadêmicos de ciência e tecnologia; c) consecução de metas econômicas, com a preservação da ordem social, pela observância dos regulamentos e das leis, e fortalecimento do sistema socialista; d) incremento do comércio exterior, créditos, investimentos e turismo, como forma de contribuição ao desenvolvimento tecnológico e de incremento ao desenvolvimento econômico.

Bons resultados foram alcançados no setor rural. Políticas orientadas para a economia de mercado (a pertinência das leis da economia, como a da oferta e a da procura), reorganizaram a produção pela descoletivização, pela promoção de iniciativas fiscais e pela redução do controle estatal sobre a orientação empresarial na produção e sobre os preços de mercado, o que conferiu maior autonomia aos produtores rurais na tomada de decisões. A resposta da economia foi vigorosa e alcançou rápidas taxas de crescimento, aumento substancial da produtividade, maior oferta de produtos agrícolas e incremento da mão-de-obra no setor rural. Desde 1979, o aumento anual médio da produção agrícola foi de 7% e atingiu 9% em 1984. Com isso foi resolvido um dos grandes problemas chineses, que era o da alimentação, tendo havido também melhoria no setor de vestuário, com a produção de algodão saltando de

2 milhões para 6 milhões de toneladas. A China passou a ser exportadora de produtos primários, e importava apenas alguns cereais para cumprir contratos anteriores.

Em contrapartida, não foi dada a mesma ênfase reformista ao setor urbano, cujos resultados foram bem mais modestos, apesar do padrão de vida nas cidades ter melhorado substancialmente pela menor taxação e pela mudança de orientação dada à produção de bens de consumo. A redução de acumulação estatal e o aumento da demanda, entretanto, alarmaram os planejadores, pela possibilidade de mais forte tendência inflacionária.

No relatório do VI Congresso Popular Nacional, realizado em maio de 1984, o primeiro-ministro Zhao Ziyang delineou os passos mais importantes a serem dados no que parece ser a segunda fase das reformas econômicas pós-maoístas. Entre as medidas anunciadas estavam algumas de longo prazo, as quais visam a conceder autonomia muito maior às empresas, permitindo, com isso, maior poder de decisão na produção, suprimento, comercialização e mesmo no estabelecimento de preços e no sistema de recrutamento e treinamento. Isso tudo aliado à introdução da participação do operariado no lucro das empresas. Era de esperar, portanto, melhor desempenho do setor secundário. As medidas contemplavam ainda reformas no sistema bancário e financeiro.

A grande preocupação do PCC começou a ser a possível implicação ideológica das reformas econômicas, razão pela qual Deng Xiaoping, assim como Gorbachev, empenharam-se muito em legitimar as credenciais ideológicas de seu programa de modernização. Por tal motivo, quanto mais se aprofundavam as modificações na planificação centralizada, maior era a ênfase dada pelos líderes chineses na manutenção dos princípios básicos marxistas. Parecia, entretanto, ser o relacionamento dialético entre a reforma econômica e a reformulação ideológica o maior desafio ao PCC.

Os chineses insistiam que os passos a serem dados na reforma econômica não significavam, de maneira alguma, tendência à transformação do núcleo econômico em capitalista: o retorno à propriedade rural descoletivizada, a expansão do comércio individual, o encorajamento da competição empresarial, o incentivo ao consumo e outras medidas liberalizantes certamente utilizavam mecanismos de mercado como a oferta, a procura e o próprio lucro, mas condenava-se fortemente qualquer comparação com economias capitalistas, afirmando-se que o mercado visava ao propósito primordial de estimular a planificação centralizada — especialmente em um país como a China, onde a tarefa primordial da revolução era a melhoria dos padrões de vida básicos. Procurava-se justificar essas afirmações com a permanência da maioria dos meios de produção em mãos do Estado, para possibilitar o desenvolvimento de um sistema chinês com características próprias. Essa seria a razão de criação de Zonas Econômicas Especiais, entre 1979 e 1980, em número de quatro, com a finalidade de atrair o investimento estrangeiro e a conseqüente possibilidade de absorção tecnológica, sem que houvesse uma contaminação do restante da China. Foram estabelecidas zonas em Shenzen, contígua a Hong Kong, em Zuhai, próxima a Macau, e em Shanton e Kiamen; hoje já existem quatorze. Um país, dois sistemas...

A grande meta da modernização chinesa, diziam seus líderes, não era somente a de bem-estar material, mas também a de com ele desenvolver uma "civilização espiritual", na qual os indivíduos revelariam alto grau de patriotismo, moral, disciplina e cultura, mantendo-se apegados aos valores fundamentais da doutrina marxista. Com a absorção dessa, o grande problema parecia concentrar-se no correto delineamento entre seus segmentos ideológicos relevantes e aqueles que deviam ser abandonados, bem como saber quais os aspectos de uma sociedade capitalista deveriam ser absorvidos e introduzidos na China, para sua modernização. Em um discurso proferido em junho de 1984, intitulado "A construção do socialismo com características chinesas", Deng Xiaoping ressaltava: "Nosso entendimento sobre essas questões no passado não foi completamente claro". Precocemente, Mao, em 1937, escrevia que Marx não teria previsto todos os problemas no desenvolvimento do capitalismo.

Para promover a modernização associada à conscientização popular dos efeitos benéficos da doutrina marxista, a *democratização* do PCC se fazia necessária; Deng e suas lideranças reconheciam que a ausência de salvaguardas individuais constituiria a principal razão pela qual Lin Piao, a chamada Gangue dos Quatro e até mesmo Mao conseguiram concentrar tanto poder em suas mãos durante a Revolução Cultural. Evidenciava-se a necessidade de aprimoramento, na China, de uma "democracia socialista" que pretendesse estabelecer um sistema democrático mais profundo e abrangente, até mesmo do que aquele encontrado nos regimes capitalistas (liberais), partindo-se da premissa de que todas as formas de *democracia* compartilham de certos ingredientes básicos, em particular de mecanismos que devem entrelaçar os formuladores de política com a sociedade e daqueles que promovem as liberdades individuais dos cidadãos, protegendo-os contra intervenções espúrias do Estado. Por outro lado, estavam conscientes de que a reforma *democrática*, conseqüentemente, torna-se a arena mais crítica e de maior conflito em qualquer mudança política, pois tocava no âmago da questão do relacionamento entre formuladores de política e povo e abordava a questão crucial em qualquer sociedade – a distribuição de poder.

A China não poderia, de forma alguma, adotar o pluralismo, o qual contrariava frontalmente a ideologia marxista-leninista em que, durante a fase da "ditadura do proletariado", as massas deveriam ser conduzidas por uma elite no poder. A única solução seria, pois, mudança de rumo que abandonasse o elitismo e assumisse posição de vanguarda para o Partido por meio de reformas mais amplas, as quais enfatizassem o direito da sociedade, como um todo, de expressar seus anseios políticos.

Uma das decisões do Comitê Central, em sua reunião plenária de 1981, fora a de promover extensa reforma nas estruturas administrativas do país. Dentro desse programa houve, em 1982, uma vasta reorganização ministerial e o início do projeto de uma nova Constituição que previa, dentre outras coisas, o restabelecimento do cargo de Presidente da República e a criação de um Conselho Militar Central para assumir o controle das Forças Armadas. A Constituição foi promulgada em 1982, e, em junho de 1983, durante a VI Reunião da Assembléia Nacional Popular, Li Xianniam foi eleito Presidente da República.

Durante o XII Congresso do PCC, em setembro de 1982, foram aprovados novos estatutos que reforçaram os mecanismos de direção coletiva centralista, proibiram definitivamente qualquer culto à personalidade, extinguiram o cargo de presidente do PCC, reforçando, assim, a autoridade do Secretário-Geral (à época, Hu

Yaobang), bem como definiram o controle direto do PCC sobre as Forças Armadas.

Essa retomada de poder do PCC parece ter sido motivada por dois movimentos contestadores distintos. Um deles, o "Movimento Democrático", reivindicava passos mais amplos no sentido de maior liberalização e foi reprimido pelo Partido. O outro, de características conservadoras, iniciou-se com a denúncia do surgimento da "poluição espiritual" do povo, principalmente por atacar a propagação de literatura obscena e reacionária, da arte vulgar, do desenvolvimento da atividade política subversiva, bem como do aumento do individualismo e da corrupção originados pela liberalização e pela contaminação proveniente do exterior. Esse movimento inicialmente foi condenado por Deng que, pressentindo a possibilidade de ressurgimento de uma nova Revolução Cultural, conscientizou-se de alguns excessos cometidos pela sociedade, demarcando, porém, de maneira rígida, os alvos passíveis de crítica. De tais alvos foram excluídas a área rural, a tecnológica e a político-econômica.

A partir de 1983, iniciou-se a "campanha de retificação", com a publicação das *Obras escolhidas de Deng Xiaoping*, apresentadas como a base teórica para a edificação de um socialismo moderno e tipicamente chinês, a qual visava sobretudo aos membros do Partido que precisavam ser "reeducados"; resultou em uma quantidade muito grande de execuções de pessoas condenadas por espionagem, corrupção, roubo, etc. e numa campanha contra a "poluição espiritual", naqueles excessos percebidos na sociedade.

Os expurgos na cúpula chinesa aumentaram e culminaram em outubro de 1984, quando então foi convocada uma Conferência Especial do PCC – a segunda desde 1949 –, que resultou na exoneração ou no pedido voluntário de demissão de 131 altos funcionários governamentais, incluindo-se aí dez dos 24 membros do Politburo – quase todos velhos correligionários de Mao.

Como se vê, o fenômeno ocorrido na China foi, em essência, o mesmo que ocorreu na União Soviética. Os chineses, entretanto, reconheciam-lhe, de um lado, um caráter mais pragmático e, de outro, externavam mais conscientemente que os soviéticos o fortalecimento das liberdades como instrumento de uma democracia socialista. Valem, de qualquer modo, para o caso chinês, *mutatis mutandis*, as considerações tecidas a respeito da *perestroika* soviética.

Com relação aos desenvolvimentos havidos no marxismo desde a primeira edição dos *Ensaios...*, cabe comentar que as expectativas liberais que nele pipoucavam, contrariamente ao modelo gorbacheviano, acabaram por implodir a ortodoxia imposta pelos partidos comunistas.

A antiga União Soviética e os países da Europa Oriental romperam com o modelo marxista ortodoxo e vem aderindo mais e mais à economia de mercado e a princípios políticos liberais, o que também ocorre com antigos marxistas do Terceiro Mundo, como Angola.

Presentemente, vários desses, como a Rússia, padecem de crise de ajustamento. Essa crise reflete a dificuldade de reversão à economia de mercado de sistemas por tanto tempo submetidos ao planejamento integral. Reverbera também a explosão de nacionalismos nas antigas fronteiras dos Estados ex-marxistas, como as que fizeram da Letônia, Lituânia, Estônia, Ucrânia, Bósnia-Herzegovina, Croácia, Eslovênia, Macedônia e Montenegro Estados soberanos, e aceleram anseios independentistas na Chechênia e no Kosovo.

Na China, os acontecimentos tomaram rumo diverso. Enveredaria o país asiático por caminho análogo ao soviético, isto é, o da vitória dos clamores populares que desejavam liberalismo mais que econômico, não fosse a vigorosa repressão do regime chinês a essas vozes, da qual o episódio mais eloqüente foi a morte de 1500, entre cerca de 200 mil, dissidentes em 1989 na Praça da Paz Celestial. As transformações no marxismo chinês permanecem assim sob as rédeas firmes do Estado e cingem-se principalmente à esfera econômica, como querem os líderes chineses, modelo do qual foi precursora a Hungria. A dialética chinesa, hoje, é a de conciliar economia crescentemente aberta ao liberalismo econômico com regime indisposto ao liberalismo político e civil, moldado no velho centralismo marxista.

Com um PIB da ordem de US$ 960 (novecentos e sessenta) bilhões em 1988, endividamento externo sob relativo controle – cerca de 15% do PIB – atraindo US$ 50 (cinqüenta) bilhões ao ano em investimentos estrangeiros, a China é o país que mais cresce em todo o mundo. Por outro lado, minorias e grupos religiosos e políticos lutam por espaço e abertura políticas num Estado onde o presidente do Comitê Central do Partido Comunista, Jiang Zemin, estabelece as diretrizes a serem seguidas pelo Poder Executivo, do qual é dependente o Judiciário.

Em todo o caso, o país vive processo de redefinição de sua filosofia de governo, em que várias vertentes procuram apresentar alternativas para o quadro atual, como a marxista, a confucionista, a tecnicista, a religiosa e a legalista.

Em razão direta do fim da experiência marxista do século XX, os países antes marxistas hoje procuram integrar-se à lógica da globalização.

Com todos esses desdobramentos, o processo social em nível internacional parece engatinhar em direção ao liberalismo social que eu já havia antecipado na "Introdução" e na "Conclusão" dos *Ensaios...*, e em cujo ciclo minhas reflexões em economia política adentram, com *Liberalismo e societalismo*, ora no prelo.

Brasília, março de 2000.

Introdução

O presente livro reúne ensaios, escritos entre 1976 e 1982, que traduzem algumas inquietações em matéria de mudança econômica e social. Meu interesse pelos câmbios socioeconômicos recua, entretanto, até poucos anos antes, quando de minha pós-graduação em economia, em Nova York, e foi estimulado por leituras posteriores e por vivências em países de tempos sociais díspares como os Estados Unidos, a Colômbia e o Paquistão.

O livro pretende abordar com zelo científico temas que soem ser tratados de modo mais subjetivo e polêmico do que objetivo e racional, como todos aqueles que dizem respeito à evolução dos sistemas econômicos, sociais e políticos. Há uma intenção de objetividade e de imparcialidade, e os pontos de vista emitidos têm caráter estritamente pessoal.

Como orientação para leitura, será conveniente esclarecer que o primeiro ensaio pode apresentar algumas dificuldades para o leitor não familiarizado com a teoria econômica. Nesse caso, recomendo, como método, deixar de lado os três primeiros capítulos. Contudo, o Leitor é reconvidado a, concluída a leitura dos demais, retornar àqueles primeiros pelas luzes que os temas ali discutidos lançam sobre problemas socioeconômicos contemporâneos.

O propósito do primeiro ensaio é oferecer um estudo comparativo abrangente, embora não exaustivo, das contribuições de Karl Marx e John Maynard Keynes para a economia – teoria, metodologia e doutrina – como fundamentos econômicos necessários à compreensão da sociedade industrial. Assim, são examinadas as questões que surgem das diferenças e das similaridades entre ambos, bem como os impactos de tais questões para a ação econômica.

A mais importante semelhança entre o pensamento de Marx e o de Keynes é que ambos viram as crises no capitalismo como provenientes de dentro do sistema, não de fatores a ele externos. De acordo com Marx, são duas as causas das crises capitalistas: a *não-realização* do produto, e a taxa de lucro decrescente, comparáveis, em Keynes, respectivamente, à insuficiência de demanda efetiva e à decrescente eficiência marginal do capital. O primeiro capítulo explora essas semelhanças, ao mesmo tempo em que focaliza as diferenças de base; demanda, acumulação e ciclos econômicos são as três subáreas examinadas. O segundo capítulo lida com aspectos outros da teoria econômica em que Marx e Keynes podem ser cotejados, tais como poupança e investimento, desemprego, teoria do valor-trabalho, lucro, consumo improdutivo, taxa de juros e agregados econômicos. Esse capítulo destina-se a completar o arcabouço teórico do ensaio. No capítulo terceiro, metodologia e doutrina, conjugadas, são comparativamente postas em exame; a análise agregativa e a teoria monetária são incluídas como ilustrações das profundas diferenças existentes nesse campo entre os dois autores. Os condicionamentos doutrinários de ambas as metodologias são a tônica do capítulo. Finalmente, como em Marx e em Keynes, eminentes pensadores sociais, as investigações teóricas, além da metodologia, suportam princípios doutrinários, são ambos objetivamente confrontados no quarto capítulo em filosofia social e ação econômica.

O ensaio oferece algumas conclusões: num estudo comparativo entrer Marx e Keynes, as diferenças sobressaem-se às similaridades, embora estas inegavelmente contribuam para um entendimento mais completo e profundo do sistema capitalista, de seu funcionamento e de sua dinâmica. Para ambos os pensadores, o problema essencial do capitalismo é o desenvolvimento desigual das forças produtoras e consumidoras, o qual cria um abismo que para Keynes pode ser superado por medidas executadas dentro das regras do jogo do sistema, mas, para Marx, não. A atividade que poderia igualar tais forças, o investimento, é vista como passível de limitação, em Keynes por força de relações técnicas; em Marx, de distribuição de renda desfavorável. Keynes tem visão circular do problema. Enfoca-o no contexto de ciclos autocorretivos, julgados inerentes ao capitalismo. A visão de Marx é linear, no sentido de que cada autocorreção é um passo específico num processo de agravamento, também julgado inerente ao capitalismo. Na análise da insuficiência relativa do investimento, as idéias de Marx incluem algumas premissas clássicas, enquanto as de Keynes colidem com elas. Quanto à taxa de juros, ambos os autores romperam com a teoria clássica – Keynes de modo mais inovativo. O consumo improdutivo, no marxismo, apresenta saldo desfavorável para a estabilização do sistema, enquanto em Keynes o saldo é positivo, embora ambas as teorias levem em conta os efeitos ambíguos do consumo improdutivo para a estabilização econômica. Os sistemas diferem em metodologia, sobretudo em conseqüência de escopos e princípios doutrinários diferentes. No que diz respeito a políticas econômicas, keynesianismo e marxismo têm, como se conhece, bases políticas opostas e irreconciliáveis, mas são afins no sentido de alargar os horizontes da economia clássica e neoclássica e de representar mudança necessária de economia panglossiana em ação político-econômica deliberada e responsiva, voltada para a melhoria das condições econômicas da sociedade.

O interesse maior do ensaio para os rumos que tomarão as sociedades capitalistas está precisamente no diagnóstico de Keynes e de Marx sobre as crises no sistema, e nas terapias por eles sugeridas. Há em ambos o sentido da mudança. Keynes é a encarnação do reconhecimento amplo e inequívoco – da década de 1930 – de que eram extintos os tempos do capitalismo liberal, e de que o sistema carecia de uma cirurgia profunda que lhe implantasse órgãos cujo centro nervoso não fosse o mercado, mas o Estado. As soluções keynesianas presidiram e continuam a presidir – apesar de os instrumentos de execução dessas soluções começarem a ser superados – as correntes que preconizam uma reforma do sistema capitalista dentro de parâmetros neocapitalistas. De Marx, veio a negação do capitalismo e a pregação de uma ordem coletivista como promotora do desenvolvimento econômico e social dos povos, antes mesmo que o curso da história marcasse o epílogo do capitalismo liberal. Do confronto entre os dois sistemas de pensamento emergem questões para a reflexão: é possível reformar fundamentalmente o capitalismo? Reformado, o capitalismo pode conviver com suas contradições? A consecução de objetivos econômicos justifica a supressão das conquistas liberais? A transição, nos países marxistas, do capitalismo para o socialismo culminará no verdadeiro socialismo, e mais do que nele, no verdadeiro comunismo, em que teoricamente será restituído ao homem a liberdade supressa na etapa de transição? São questões difíceis. Mas o fato é que o pensamento keynesiano e o marxista são os que têm efetivamente regido as sociedades desenvolvidas e em desenvolvimento no século XX. As soluções liberais relançadas nos últimos anos nos Estados Unidos e na Grã-Bretanha são mero saudosismo. As soluções socialistas, bastante específicas da Europa Ocidental, partem de uma base de acumulação capitalista e não costumam sobreviver aos momentos de crise do capitalismo, quando então dão lugar a soluções radicais.

O propósito do segundo ensaio é estudar a evolução havida no mundo capitalista e no mundo marxista até o estágio em que atualmente se encontram. Nenhuma projeção é feita. Neste estudo são avaliadas as transformações efetivamente havidas no capitalismo decorridos cinqüenta anos de neocapitalismo, e aquelas efetivamente havidas nas sociedades marxistas decorridos mais de sessenta anos de marxismo positivado. Num e noutro caso estão presentes, apesar da ausência de caráter futurista no ensaio, os vetores de ulterior evolução.

O quinto capítulo concentra-se na proposição de Marx sobre a "contradição fundamental" do capitalismo e procura demonstrar a importância de tal proposição, o que permite um melhor entendimento da dinâmica do desenvolvimento capitalista. A análise inclui três fenômenos, frutos da "contradição fundamental", que nas modernas sociedades capitalistas são de primeira magnitude e nem sempre devidamente enfocados: a inflação como mecanismo de extração de mais-valia, o consumo improdutivo como uma das resultantes do processo de acumulação, e a estagflação como produto das distorções introduzidas no capitalismo pelo consumo improdutivo. Como a tornar mais agudas essas e outras conseqüências da contradição fundamental, ressalta o capítulo que vive a humanidade num século de massas, em que os ideais liberais, dos quais o capitalismo foi o núcleo econômico, são contestados em nome da superposição da sociedade ao indivíduo. Esses ideais sociais chocam-se com um sistema que, mais do que regido por uma ideologia, da qual é parte integral, é um meio de acumulação e apropriação, caracterizado pelo individualismo e pela competição. O capítulo procura, enfim, chamar atenção para a "contradição fundamental", mostrando a atualidade dessa visão marxista nas crises do capitalismo.

O sexto capítulo ocupa-se com o fato de os sistemas marxistas terem também sua "contradição fundamental". Trata-se das pressões no sentido do restabelecimento dos valores liberais que submergiram com o advento das sociedades coletivistas, de planejamento integral. Mostra que esse marxismo positivado se cindiu dos princípios filosóficos do marxismo. Assim, se não há nas sociedades marxistas a estrutura de classes próprias do capitalismo, existe outra, bastante nítida. Em função dessas pressões liberalizantes e dessa estrutura de classes, o monolitismo de tais sociedades tem sido contestado pela pluralidade emergente de centros de pensamento e de ação marxista, os quais tendem a reaproximar o marxismo positivado de seus valores humanistas, conforme expressos pelo marxismo teórico ou histórico. A contradição fundamental do marxismo positivado é definida como entre a socialização da produção, de um lado, e o controle estatal dos meios de produção, de outro, o que resulta em dessintonia entre as prioridades e as aspirações do proletariado e aquelas da burocracia – esta última a classe dominante –, mormente quando esses resquícios estalinistas persistem após os países marxistas terem superado a fase do *take-off*. As sociedades marxistas, como sociedades industriais e de classe, padecem de algumas das distorções que Marx julgou inerentes ao capitalismo. Procura-se ver o reflexo dessas distorções no desempenho econômico dessas sociedades.

O sétimo capítulo visa, em retrospectiva, a examinar como o capitalismo tem lidado com sua "contradição fundamental", e, principalmente, como ela tem condicionado a evolução do sistema. Assim, a expansão colonial foi – tese desenvolvida por Lenin – o modo encontrado pelo sistema para, a partir da metade do século XIX, expandir seus mercados e livrar-se das tensões provocadas pelo antagonismo de classes. Essa ordem começou a desmontar-se a partir da Primeira Guerra Mundial, precipitando a intervenção estatal e as primeiras medidas socializantes. Após a Segunda Grande Guerra, o capitalismo instituiu uma nova ordem, na qual ao colonialismo se sucederam a tentativa de restauração do liberalismo no comércio internacional, a transferência de capitais dos países onde são excedentes para aqueles onde são escassos, por meio de mecanismos bilaterais e multilaterais, e o transnacionalismo econômico. Essa ordem, que produziu frutos durante os anos de 1950 e 1960, entrou em fase crítica a partir de 1973, com o endividamento excessivo dos países periféricos do sistema, a recessão internacional – que refreou o comércio e determinou o retorno às práticas protecionistas – e a estagflação, fenômeno até então praticamente desconhecido.

O oitavo capítulo tenta examinar como se têm materializado as pressões liberalizantes nas sociedades marxistas, também em retrospectiva. As diversas cisões dentro do marxismo, como o eurocomunismo, a autogestão, os acontecimentos na Polônia em 1981-1982 e na Hungria em 1956 e, principalmente, na Tchecoslováquia em 1968, assim como as reivindicações em favor dos direitos civis e humanos, da separação entre partido e governo, da liberdade sindical, das vias nacionais ao socialismo, da descentralização econômica e de uma parcimoniosa reabilitação da economia de mercado e da propriedade privada são sublinhadas como os principais fenômenos liberalizantes. O capítulo termina com uma pequena discussão em torno da tese marxista segundo a qual tais pressões nada mais seriam do que resquícios de liberalismo impossíveis de se extirparem numa fase de transição do capitalismo para o socialismo, os quais se diluiriam automaticamente com o advento do próprio socialismo. Elas são antes vistas como o resultado do processo histórico de construção do socialismo, e como um requisito para tanto, conforme vem demonstrando, mais e mais, o número de concessões nesse terreno que os Estados marxistas são obrigados a fazer.

O interesse da segunda parte do livro é o contraste entre as pressões socializantes que o capitalismo vem sofrendo ao longo do tempo com as pressões liberalizantes que começaram a pipocar no marxismo a partir de 1948. Tais pressões prenunciam transformações em profundidade que ambos os sistemas sofrerão num futuro que certamente não está próximo. Que tipo de sistema emergirá num e noutro caso não é tema a ser discutido no presente livro. Mas os elementos da mudança sobressaem com a análise e com a crítica, e sugerem uma abordagem de economia política que chamarei *liberal-social*.

Brasília, 1983.

Parte I

Os fundamentos econômicos do conflito social: Marx e Keynes

Capítulo 1

Dois pontos de vista sobre crises no capitalismo

Talvez o melhor ponto de partida para o estudo das semelhanças existentes entre as teorias econômicas de Marx e de Keynes seja o de caracterizar que ambos mostram, respectivamente, como a extração de mais-valia e a baixa propensão a consumir determinam uma tendência crônica da demanda a situar-se aquém da capacidade produtiva da indústria. Em Marx, a idéia é expressa por meio do mecanismo da *irrealização*: a mecânica do capitalismo reduz mais e mais o poder aquisitivo dos consumidores de modo a aumentar a massa de mais-valia, criando, portanto, um lapso entre oferta e demanda que somente é preenchido por investimento adicional, sendo, assim, a constante acumulação um requisito para a estabilidade do sistema. Em Keynes, a demanda efetiva torna-se insuficiente à medida que a renda aumenta, uma vez que as classes que dela mais se apropriam revelam propensão sempre crescente a poupar. Portanto, embora o consumo aumente, não o faz na mesma proporção que a renda, e Keynes, como Marx, vê no investimento a solução do problema.

Marx desenvolveu uma teoria de demanda efetiva, mas não a apresentou de forma seqüencial. Passagens esclarecedoras de seus pontos de vista sobre subconsumo são encontradas aqui e acolá ao longo de seus trabalhos. Tais trechos procuram demonstrar como as relações sociais no capitalismo implicam restrição do consumo ao mesmo tempo em que motivam os capitalistas a perseguir uma expansão irrestrita do produto, da mais-valia e do capital. A produção de mercadorias, para Marx, é também a produção de mais-valia, que terá de ser *realizada* em termos monetários por meio das vendas. Se tal não ocorrer, ou ocorrer apenas parcialmente, ou a preços inferiores ao valor da produção, o capitalismo se verá em apuros. O fracasso em *realizar* a mais-valia é conseqüência lógica de sua produção, já que esta é viabilizada por "condições antagônicas de distribuição, que reduzem o consumo da maior parte da sociedade a um mínimo que varia dentro de limites mais ou menos estreitos".[1]

A explicação subconsumista das crises, dada por Marx, é, pois, baseada numa tendência inerente ao capitalismo a expandir a oferta mais rapidamente que a demanda e a desenvolver o poder produtivo da economia ao mesmo tempo em que empobrece as massas, tornando-se o poder absoluto de consumo da sociedade o limite de ulterior expansão. A taxa de crescimento do consumo declina relativamente à taxa de crescimento dos meios de produção também porque, na análise marxista, o incremento dos salários se dá em proporção decrescente da acumulação total. Os capitalistas aumentam continuamente a diferença entre trabalho necessário e trabalho excedente, isto é, o número de horas em que os trabalhadores trabalham para si próprios e o número de horas em que trabalham para a acumulação capitalista. Tal objetivo foi originariamente atingido pelo o aumento da jornada de trabalho, e, subseqüentemente, pela intensificação do trabalho por unidade de tempo por meio da utilização de máquinas. Dessa maneira, os trabalhadores, ao longo dos anos, vêm adicionando ao valor total do produto muito mais, numa dada unidade de tempo, do que recebem em benefícios salariais.

Uma vez que a acumulação é "compulsória", em virtude de fatores como os aperfeiçoamentos constantes das técnicas de produção, a depreciação do capital existente, a competição e o desejo de

---

[1] Karl Marx, *O capital*. Tradução para o inglês da terceira edição alemã, por Samuel Moore e Edward Aveling. Editado por Frederick Engels, Nova York, International Publishers (essa e todas as demais citações no presente livro, extraídas de obras em língua estrangeira, foram traduzidas pelo autor), 1974, v. 3, p. 244.

autopreservação, que acarretam para o capitalista a necessidade de melhorar o produto e expandir a escala de produção, as contradições internas agravam-se à medida que o poder produtivo se desenvolve, e o consumo das massas torna-se mais e mais restrito. Marx prediz uma interrupção da atividade produtiva que pode resultar do insucesso capitalista, ou a interrupção de uma demanda insuficiente para bens de consumo, ambas igualmente provocando depressão. É a isso que Marx se refere como

> ...as contradições fundamentais do capitalismo: a produção carece inteiramente de objetivo a menos que dirigida para uma finalidade definida de consumo, mas o capitalismo procura expandir a produção sem qualquer referência ao consumo que tão-somente lhe pode emprestar significado (...) de um lado, poder produtivo irrestrito e aumento de riqueza que, ao mesmo tempo, consiste de mercadorias e deve ser transformada em moeda; de outro, como um alicerce, a limitação do consumo da massa de produtores aos meios necessários de subsistência.[2]

É nesse ponto que as idéias de Marx sobre o consumismo interceptam as de Keynes. Este também percebeu que demanda insuficiente é uma restrição ao aumento da produção e do emprego, e elaborou um modo de atingir-se o pleno-emprego baseado no estímulo à demanda. Para Marx, contudo, a insuficiência da demanda assume a citada forma de *irrealização*, enquanto, para Keynes, a insuficiência da demanda efetiva é também o resultado de fator psicológico associado ao nível de renda e distribuição:

> A lei psicológica fundamental, da qual estamos autorizados a depender tanto *a priori*, por nosso conhecimento da natureza humana, como pelos fatos detalhados da experiência, é que os homens estão dispostos, como regra geral e em média, a aumentar seu consumo à medida que suas rendas aumentam, mas não tanto quanto o aumento em suas rendas...[3]

---

[2] Karl Marx, *Theorien über den Mehrwert*. Editado por Karl Kautsky Stuttgart, S.H.W. Dietz, 1905-10, v. III, p. 55.

[3] J. M. Keynes, *The general theory of employment, interest and money*, Nova York/Chicago/Burlingame, Harcourt, Brace & World, Inc., 1964, p. 96.

ou seja, a elasticidade-renda do consumo, positiva embora, é inferior à unidade. Ele atribui especial importância aos períodos de curta duração, em que o homem não dispõe de "tempo suficiente" para adaptar seu padrão de consumo às novas circunstâncias, ou o fará imperfeitamente. O homem é acostumado a poupar a diferença entre sua renda *real* e seu consumo *habitual*. Portanto, renda ascendente será seguida de poupança ascendente, renda decrescente, de poupança decrescente. Também em períodos longos um nível de renda mais alto ampliará a diferença entre renda e consumo. Nesse caso, o argumento sustenta-se sobre o fato de que a utilidade marginal do consumo extra é menor, se comparada com a da escala de consumo original; portanto, com o aumento da renda, volume maior de unidades monetárias deverá ser poupado. A mesma lei aplica-se à renda descendente, quando o consumo decresce em quantidade menor do que renda e poupança. Em vista dessa lei, Keynes ensinou que o emprego somente pode aumentar *pari passu* com o investimento, exceto no caso de alterações na propensão a consumir. Uma vez que a oferta agregada ascendente que deriva do emprego adicional será maior do que as necessidades de consumo adicional, também derivados do nível de emprego ampliado, este "revelar-se-á não lucrativo a menos que ocorra aumento no investimento para preencher o espaço".[4]

Está implícito nesse argumento que os padrões correntes de distribuição de renda são responsáveis, numa análise primária, por tal subconsumo, pois as classes com menor nível de renda terão maior propensão a poupar. Nisso há uma ironia: aqueles que têm dinheiro não desejam consumir, e aqueles que desejam consumir não têm dinheiro. Alexander nota que "a forma institucional fundamental de comportamento em Keynes, expressa pela propensão a consumir, ou por seu obverso – a propensão a poupar – corresponde ao conceito de Marx do capitalista como caracteristicamente um acumulador de capital".[5]

Marx e Keynes mostram que há limites ao investimento adicional, o que estabelece alguns paralelos entre a taxa de lucro decres-

---

[4] *Idem, ibidem*, p. 98.

[5] S. S. Alexander, Mr. Keynes and Mr. Marx. *Review of Economic Studies*, fevereiro de 1940, p. 125.

cente, de um, e a eficiência marginal decrescente do capital, de outro. Alexander observa que "ambos os sistemas dependem da queda da atratividade do investimento como depressor do produto total".[6] Elemento básico no marxismo é a composição orgânica do capital, ou grau de participação ascendente do capital contante (como Marx denomina o que para a economia ortodoxa é pura e simplesmente capital) no capital total em decorrência de inovações técnicas que dispensam mão-de-obra. De acordo com Marx, tais aumentos provocam um declínio na taxa de lucro, o que atrofia o investimento. No sistema keynesiano, o argumento pode ser demonstrado por meio do comportamento da escala da eficiência marginal do capital. Tal escala é também a da demanda de fundos para investimento, e reflete a visão keynesiana decorrente de uma base teórica, mas não empírica, inteiramente diferente da de Marx. A escala cai com o montante de investimentos, em conseqüência da lei dos rendimentos marginais decrescentes (no marxismo, os lucros caem à medida que o investimento introdutório de inovações substituidoras de mão-de-obra tem lugar). Os limites são estabelecidos pelo ponto em que a eficiência marginal do capital se iguala à taxa de juros que governa a oferta de capital líquido.

Qual é a cadeia de acontecimentos que pode conduzir a uma crise via queda na taxa de lucros? Para compreender o fenômeno, deve-se ter em mente que a composição orgânica do capital, "q", é uma razão produzida pela fórmula $\frac{c}{c+v}$, onde "c" representa o capital constante e "v" o capital variável (como Marx denominou o trabalho). É uma medida da mecanização de uma dada economia, indústria ou simples fábrica. É necessário igualmente definir a taxa de lucro "p", produzida por $\frac{s}{c+v}$, onde "s" representa a mais-valia. Ambas as razões podem associar-se para determinar que a taxa de lucro é uma função da taxa de mais-valia e da composição orgânica do capital, como segue:

$$p = \frac{s}{c+v} = \frac{sv}{v(c+v)} = \frac{sc+sv-sc}{v(c+v)} = \frac{s(c+v)-sc}{v(s+v)} = \frac{s(c+v)}{v(s+v)} - \frac{sc}{v(s+v)} = \frac{s}{v} - \frac{s}{c} \cdot \frac{c}{c+v} = s'(1-q).$$

6 *Idem, ibidem*, p. 125.

Infere-se, portanto, que o comportamento da taxa de lucro dependerá do comportamento *conjunto* da taxa de mais-valia e da composição orgânica do capital.

Aí o problema surge: a competição no capitalismo faz que o capitalista que emprega os métodos técnicos mais avançados e eficientes receba maiores quantidades de mais-valia. A luta pelo aperfeiçoamento requer cada vez mais recursos de capital e torna obsoletos os meios de produção existentes; assim, com a acumulação, sobrevém uma tendência ao crescimento da composição orgânica do capital. Simultaneamente, ocorre aumento na demanda de mão-de-obra com aumento conseqüente nos preços. Portanto, ambas as variáveis na equação do lucro comportam-se de modo a deprimir a taxa de lucro. Na verdade, se os salários irão aumentar, ou não, dependerá da possibilidade de os requisitos de capitalização crescente excederem o aumento da mão-de-obra. É essa a hipótese considerada válida a longo prazo; a taxa de acumulação cresce continuamente, o que exaure o "exército de reserva industrial de desempregados". Quando o desfalque no "exército" ultrapassa certo ponto, os salários aumentam, a mais-valia e os lucros diminuem, uma parte menor da renda é capitalizada e a acumulação processa-se a um ritmo menor. Tal crise conduzirá o sistema a um novo, mas enganoso, nível de estabilização, pois, sempre que se verifica aumento nos preços da mão-de-obra, inovações substituidoras de mão-de-obra ocorrem e recompõem o "exército de reserva industrial". E aí está o engano; tais inovações significam aumento na composição orgânica do capital, o que deprime a taxa de lucros. Além disso, a tecnologia substituidora de mão-de-obra restabelece o antigo ritmo da acumulação de capital e de um novo movimento em direção à subida dos salários. Ela apenas pavimenta o caminho para uma nova crise. Marx afirmou que a barreira do modo de produção capitalista se torna aparente no fato de

> ...o desenvolvimento da produtividade do trabalho estabelecer, a partir da queda da taxa de lucro, uma lei que em determinado momento se põe em conflito antagônico com esse desenvolvimento e deve ser superada constantemente por meio de crise.[7]

[7] Karl Marx, *O capital*, v. 3, p. 258.

A eficiência marginal do capital é definida por Keynes como a "taxa de desconto que tornaria o valor atual de uma série de anuidades dadas pelos retornos esperados dos bens de capital durante sua vida exatamente igual a seu preço de oferta".[8] No caso de constante propensão marginal ao rendimento e de uma taxa de juros variável, a alteração desta última taxa afeta a atratividade de produzir bens de capital, o que desestabiliza a taxa de investimento relativamente à de poupança, e por sua vez oprime a taxa de lucro para os produtores de bens de consumo. Isso faz com que os empresários modifiquem o nível médio de suas ofertas para os fatores de produção e, portanto, finalmente atinjam o objetivo último de mudar o nível das rendas monetárias. A eficiência marginal do capital, na ausência de outras ocorrências, é restaurada pela obsolescência do capital fixo existente, que determina um limite para a taxa à qual a oferta total pode ser diminuída. Uma vez que tipos diferentes de capital fixo serão desigualmente afetados, em virtude de diferenças na elasticidade de suas demandas, a taxa real máxima de queda será fixada dentro de limites ainda mais estreitos.

Na análise keynesiana, existe a idéia de que, exceto por variações de curto prazo nas expectativas, o declínio da eficiência marginal do capital deriva de relações tecnológicas mais que de mudanças na distribuição de renda. Ao aspecto distributivo da questão foi atribuído papel importante por Marx. A queda na taxa de lucro é por ele vista como o resultado do continuamente restringido poder aquisitivo dos consumidores. Marx ironizou:

> Aqueles economistas, portanto, que, como Ricardo, olham o modo de produção capitalista como absoluto, sentem nesse ponto que o próprio modo cria uma barreira e por tal motivo atribuem a barreira (na teoria da renda) à natureza, não à produção.[9]

Outra abordagem exclusivamente marxista do problema é a queda na taxa de lucro devida ao próprio deslocamento de mão-de-obra motivado pelas inovações que dispensam mão-de-obra.

---

8 J. M. Keynes, *General Theory*, p. 135.

9 Karl Marx, *O capital*, v. 3, p. 242.

Alguns economistas indicaram que existe uma espécie de análise de eficiência marginal do capital embutida na teoria marxista da taxa de lucro decrescente e mesmo nas crises de *realização*. A analogia não parecerá absurda se se levar em conta que em ambos os casos o que está em evidência é uma exaustão da oportunidade para a utilização de bens de capital, ou, em outras palavras, da atratividade de investimento. Na linguagem keynesiana, Marx diria que a escala da eficiência marginal do capital e da propensão a consumir não são funções independentes, mas, ao contrário, existe uma correlação positiva entre elas: a eficiência marginal do capital é função da propensão a consumir, propensão maior a consumir levando a maior eficiência marginal do capital e vice-versa. Em verdade, a acumulação somente poderá gerar bens sem uma taxa de lucro decrescente em face de um mercado maior para os bens de consumo. Mas se tal acumulação ocorrer, diria Marx, a renda será necessariamente distribuída de modo que desencoraje o aumento do consumo.

Marx, igualmente, não desprezou os aspectos tecnológicos do problema, visto que relacionou a queda na taxa de lucro a aumentos na composição orgânica do capital. Escreveu: "A taxa de lucro não afunda porque o trabalhador é menos explorado, mas porque geralmente menos mão-de-obra é empregada em proporção ao capital empregado".[10] Marx também não negligenciou o lado do problema referente a salários e emprego. Seu modo de ver a questão não é inconsistente com o de Keynes em que, diminuídos os encargos salariais, os empresários expandem o emprego com um aumento na eficiência marginal do capital por causa de custos de capital e de mão-de-obra reduzidos; o investimento então aumenta, o que possibilita a manutenção da oferta de emprego adicional; o emprego aumentará mais do que proporcionalmente ao capital, de modo que os salários reais serão menores do que eram antes da queda nos salários monetários.

Enquanto a eficiência marginal do capital como uma construção econômica e seu uso como termômetro dos ciclos econômicos foram definitivamente incorporados à teoria econômica, a noção de taxa de lucro decrescente e as predições nela centradas vêm sendo

[10] *Idem, ibidem*, p. 246.

argüidas tanto em bases teóricas quanto empíricas, para não citar as doutrinárias. As objeções fundamentam-se na dificuldade de estabelecer-se um consenso sobre qual das variáveis independentes da equação do lucro cresce mais depressa, se "s", a taxa da mais-valia, ou "q", a composição orgânica do capital, particularmente porque as variáveis são interdependentes. É também claro que se as inovações substituidoras de mão-de-obra elevam a composição orgânica do capital e assim deprimem a taxa de lucro, elas também aumentarão o "exército de reserva de desempregados" e terminarão por provocar uma queda nos salários e um aumento da mais-valia.

Marx é criticado por sua pressuposição de que a composição orgânica do capital se eleva enquanto a taxa de mais-valia permanece constante. Se, de um lado, é evidente que as inovações substituidoras de mão-de-obra aumentam a composição orgânica do capital e, desse modo, influenciam negativamente a taxa de lucro, de outro, ao aumentar a produtividade da força de trabalho empregada, elas diminuem o número de horas que os trabalhadores trabalham para si próprios: o número de horas que eles trabalham para os capitalistas aumentará juntamente com a quantidade de mais-valia. Nada garante que um aumento na composição orgânica do capital será necessariamente maior do que a taxa da mais-valia, destarte deprimindo a taxa de lucro. Além do mais, a evolução do capitalismo criou mecanismos diferentes daqueles que Marx tinha em consideração tanto para deprimir como para elevar a taxa de lucro, como, de um lado, sindicatos e legislação social, e, de outro, as organizações de empregadores, a exportação de bens e de capital, a formação de monopólios e a ação estatal em benefício do capital (como os incentivos fiscais). Marx não deixou de discernir causas que contrabalançam a lei da queda da taxa de lucro. Algumas delas, como a extensão da jornada de trabalho e a fixação do nível de salários aquém dos níveis de subsistência, não mais se revestem de importância nos tempos atuais, de sindicatos e legislação trabalhista. Entre as causas que contrabalançam a lei, propostas por Marx, o barateamento dos elementos do capital constante no decorrer do processo acumulativo é de primordial importância, pois, embora o volume de maquinaria aumente, seu valor aumenta a uma taxa menor do que sua quantidade física. Também as importações desempenham papel importante na sustentação da taxa de lucro, uma vez que tornam possível a aquisição de mercadorias mais baratas no exterior, outra vez barateando os elementos do capital constante e das mercadorias pelas quais o trabalho variável é trocado, o que eleva a taxa da mais-valia.

Não obstante, como Ronald Meek esclarece, Marx não negligenciou o fato de aumentos na composição orgânica do capital fazerem que se eleve a produtividade e conseqüentemente, também a taxa de lucro. O que Marx disse foi: "Na verdade (...) a taxa de lucro declinará a longo prazo",[11] embora admitindo que "a tendência da taxa de lucro a cair está relacionada a uma tendência da taxa de mais-valia a crescer".[12]

Marx argumentou:

> A taxa de lucro não diminui porque o trabalho se torna menos produtivo, mas porque se torna mais produtivo. Tanto o aumento na taxa da mais-valia como a queda na taxa de lucro nada mais são do que formas específicas por meio das quais a crescente produtividade do trabalho é expressa sob o capitalismo.[13]

Mas ele argumenta que a "compensação do número reduzido de trabalhadores pela intensificação do grau de exploração tem certos limites intransponíveis".[14] Quais são eles? Marx afirmou:

> A compensação de um decréscimo do número de trabalhadores empregados, ou da quantidade de capital variável adiantado, por uma elevação da taxa de mais-valia ou por um prolongamento da jornada de trabalho tem limites insuperáveis, pois (...) o valor total que um trabalhador pode produzir, dia após dia, é sempre menor que o valor no qual 24 horas estão incorporadas.[15]

E prossegue: "Mesmo uma parte maior não-paga da menor quantidade total de trabalho recém-adicionado é menor que a parte

---

11 R. Meek, *Studies in the labor of value*, Londres, Lawrence and Wishart, 1956, p. 246.

12 *Idem, ibidem*, p. 133.

13 *Idem, ibidem*.

14 *Idem, ibidem*.

15 *Idem, ibidem*.

não-paga a uma alíquota menor da quantidade anteriormente maior".[16] E em sua exposição das contradições internas da lei, Marx esclareceu:

> Dois trabalhadores, cada um trabalhando doze horas diariamente, não podem produzir a mesma massa de mais-valia do que 24 que trabalhem apenas duas horas, mesmo que pudessem viver de brisa e, portanto, não tivessem absolutamente de trabalhar para si próprios.[17]

À medida que a composição orgânica do capital aumenta, menos trabalhadores do que antes serão empregados a uma dada quantidade de capital, e, mesmo que a taxa de mais-valia aumente consideravelmente, a massa total de mais-valia que aquele capital rende deve necessariamente cair para o nível abaixo do original.

Abordagens mais recentes e particularmente esclarecedoras sobre o comportamento da taxa de lucro foram lançadas por James Becker: "...tem havido mudanças na composição da classe dominante, de um lado, e da classe trabalhadora, de outro, significativas para a compreensão, e, desse modo, para a alteração do *modus operandi* do capitalismo".[18] Têm ocorrido modificações no modo de produção, "tanto dentro da classe produtora e da classe dominante, como entre esses organismos primários".[19] Ele se refere ao desenvolvimento da acumulação administrativa e ao do estabelecimento circulatório:

> Do ponto de vista técnico e econômico, as máquinas e os instrumentos preponderantes são administrativos mais que industriais em seu caráter (...). O capital hoje em dia acha suas oportunidades mais aceitáveis e, de seu ponto de vista, mais válidas na área das operações circulatórias.[20]

---

[16] *Idem, ibidem*, p. 134.

[17] *Idem, ibidem*.

[18] J. F. Becker, "Class structure and conflict in the managerial phase", *Science and society*, 1973, outono, p. 259.

[19] *Idem, ibidem*, p. 261.

[20] *Idem, ibidem*, p. 263.

Uma vez que a circulação é o reino no qual operações vitais como a apropriação da mais-valia e sua conversão em lucro são realizadas, todo um aparato administrativo tem sido empregado a serviço da atividade circulatória. O capital vem de longa data empregando inovações científicas no campo administrativo para uso circulatório. Inovações como processamento eletrônico de dados, registros, avião a jato, cibernética, banco de dados, serviço de telefonia, videoteipe, etc., revolucionaram a administração e a apropriação. Tal acumulação administrativa dá origem a novos contingentes de trabalho especializado voltados para a produção e a operação da tecnologia administrativa. A redução do uso de capital variável introduzida pelas inovações substituidoras de mão-de-obra tornou possível a ampliação relativa de pessoal empregado em departamentos circulatórios, como comércio, finanças e governo, não somente por sua utilidade técnica mas também pela lucratividade do emprego. Assim, o estabelecimento circulatório, ao absorver parte do "exército de reserva industrial de desempregados", ajuda a retardar as crises derivadas de deficiências de *realização*.

Contudo, Becker mantém que, a longo prazo, a mesma lei capitalista que se aplicou ao trabalho industrial influenciará o trabalho administrativo, na medida em que, nesse terreno, um aumento similar no valor da composição orgânica do capital ocorrerá, liberando uma parcela da população crescente que historicamente achou seu emprego na expansão do estabelecimento circulatório-administrativo. Segundo Becker, o desemprego de colarinho branco e as tensões às quais dá margem são sintomas de uma taxa de acumulação declinante e de uma crescente composição, em valor, dos capitais administrativos. Se, a princípio, essas novas atividades, ao estimularem simultaneamente a demanda e ao baixarem a taxa de crescimento, suavizam o problema da *realização*, destarte tornando o investimento improdutivo em "trabalho" circulatório o canal preferido para o capital de risco, mais tarde essas novas atividades causarão uma queda na taxa de lucro e um aumento no "exército de reserva industrial", agravando conseqüentemente as tensões políticas e sociais. Além disso, a expansão da superestrutura circulatória processou-se tão rápida e impiedosamente que o consumo improdutivo que ela representa mina a base industrial. Mas, principalmente, o aparecimento de trabalho administrativo apenas significa que as contradições do capitalismo atingiram um extremo – trabalho administrativo e industrial são o mesmo trabalho, explorado pela classe dominante e seu segmento executivo, os gerentes. O trabalho administrativo não é atividades da classe gerencial, mas sobretudo atividade da classe trabalhadora; emerge na fase gerencial do investimento capitalista. De acordo com Becker, com o aparecimento do segmento gerencial da classe dominante, junto com sua antítese, o trabalho administrativo, a estrutura de classes do capitalismo moderno atinge o limite máximo de seu desenvolvimento econômico e político.

As teses de Marx sobre *realização* e sua teoria da taxa de lucro decrescente comparam-se à teoria keynesiana dos ciclos econômicos. Sweezy observou:

> ...a concepção do ciclo econômico que emerge da análise de Marx sobre a acumulação de capital é, pelo menos em princípio, aceitável para a economia política não-marxista. De fato, é provavelmente seguro afirmar que não existe um único elemento importante nessa teoria que não encontre seu lugar em alguma ou mais das muitas teorias do ciclo econômico elaboradas por economistas nas últimas três ou quatro décadas. Flutuações na taxa de investimento, escassez de trabalho, desajuste entre salários e preços de venda, tudo isso é familiar aos estudiosos do problema do ciclo, embora, naturalmente, a ênfase varie de teoria para teoria. Mesmo a idéia de que o ciclo econômico seja a forma inevitável de desenvolvimento do capital é largamente aceita.[21]

Contudo, essa afirmação precisa ser qualificada. Para Marx, o ciclo, com seus períodos de alta pressão, crises e estagnação, depende da formação, da taxa de absorção e da reforma do "exército de reserva industrial" e da constante transformação de parte da população trabalhadora em população desempregada. O ciclo econômico é, então, o modo específico de desenvolvimento capitalista, e as crises são ponto de inflexão do ciclo, os quais têm como causas encadeadas a taxa de acumulação, o volume de emprego, o

---

21 P. M. Sweezy, *The theory of capitalist development*, Nova York/Londres, Monthly Review Press, Modern Reader Paperback, 1968, pp. 154-155.

nível de salários e a taxa de lucros. Em Keynes, a dinâmica do sistema capitalista é associada a variações na eficiência marginal do capital e transmite uma noção de circularidade em oposição à linearidade da dinâmica capitalista na análise marxista. Keynes escreveu:

> Por movimento cíclico não queremos apenas dizer que as tendências ascendentes e descendentes, uma vez iniciadas, não persistam para sempre na mesma direção, mas são finalmente revertidas. Entendemos também que existe algum grau reconhecível de regularidade na seqüência temporal e na duração do movimento para cima e para baixo.[22]

A noção fundamental nessa circularidade é o movimento pendular da eficiência marginal do capital, no qual o investimento sempre se recupera. Na visão de Marx, a dinâmica do capitalismo é tal que cada recuperação de uma crise apenas será o caminho para uma nova crise. A idéia de linearidade e direção é acentuada, por exemplo, pela noção fundamental da existência de crescentes contradições entre a persecução da mais-valia e a *realização* do produto.

Joan Robinson sustenta que "é um erro"[23] a identificação entre o ciclo econômico de Marx e o de Keynes, porque as crises nos ciclos são marcadas por um declínio do produto total, e em lugar nenhum na análise marxista o produto declina. Na teoria marxista das crises, quando o estoque de capital em relação à força de trabalho empregada aumenta, a margem de desemprego é reduzida e os salários aumentam; o excedente, em conseqüência, declina, desacelerando, desse modo, a taxa de acumulação. O "exército de reserva" cresce, enquanto as inovações substituem a mão-de-obra. O desemprego aumenta e os salários caem novamente. Efetivamente, diz ela, sobrevém uma desaceleração no ritmo de criação de produto, mas não em volume corrente de produto, o que é essencial na depressão decenal de Keynes. É essa uma distinção bastante plausível, embora não suficientemente forte para apoiar seu argu-

---

[22] J. M. Keynes, *General theory*, p. 314.

[23] Joan Robinson, *An essay on marxian economics*, Londres, MacMillan & Co., 1949, p. 84.

mento de que as crises no capitalismo, conforme vistas por Keynes e Marx, pertencem a dois mundos diferentes. Se, no caso acima, as crises surgem porque os salários em elevação diminuem o excedente, fazendo declinar a taxa de lucro, as crises do tipo *realização* surgem porque os salários em descenso diminuem a demanda efetiva, o que *pode* fazer declinar o volume do produto. Mas as crises decorrentes de *irrealização,* e da taxa de lucro declinante são dois lados, inevitáveis, da mesma moeda. Aliás, a demanda efetiva está implícita na teoria de Marx, e a indução a investir, embora lei psicotecnológica, dela não está totalmente ausente, uma vez que a *irrealização* de mais-valia ou a queda na taxa de lucro conduzem a idênticas conseqüências.

Joan Robinson também sustenta que o ciclo de Marx é muito mais longo do que o decenal, uma vez que o primeiro depende de mudanças no estoque de capital e em sua composição, as quais são lentas em comparação com as variações na taxa de investimento que caracterizam o ciclo econômico keynesiano. Na verdade, o ciclo em si não é importante em Marx, uma vez que ele é sempre superado, seja por inovações substituidoras de mão-de-obra, seja por salários ascendentes. O importante é que o próprio mecanismo para suplantar a crise agrava as contradições do capitalismo. Reduções temporárias no produto, na taxa de investimento ou no emprego são relevantes pela direção que imprimem ao sistema, não pelas oscilações do sistema. Nesse sentido, o ciclo keynesiano é de curto prazo, enquanto as crises marxistas, em sua relevância, não se medem nem por curto nem por longo prazo. Contudo, os fenômenos em observação são essencialmente os mesmos. Se no marxismo a redução do investimento deriva de contração na oferta de fundos disponíveis, se em Keynes, da indução psicológica a investir; são distinções de importância secundária. Idênticos elementos de crise estão em Keynes e em Marx, embora as linhas de raciocínio e abordagem não sejam as mesmas.

Capítulo 2

Outros enfoques em teoria econômica

Daquilo que foi discutido sobre taxa de lucro decrescente e eficiência marginal do capital decrescente, deve-se ressaltar que a proposição de Keynes de que a poupança refreará a demanda efetiva a menos que exista investimento correspondente está também em Marx. Keynes, na *General theory*, nega peremptoriamente que a poupança por si só promova acumulação de capital. Mostra que um aumento na propensão a poupar se reflete numa redução do gasto em bens de consumo. Isso reduz a renda e a lucratividade desses bens; tem-se então que a taxa de investimentos não depende da quantidade de poupança desejada pela comunidade, mas de expectativas quanto à eficiência marginal do investimento extra. Além do mais, aqueles que poupam e aqueles que investem não são as mesmas pessoas. Marx, por sua vez, escreveu:

> Nada pode ser mais infantil do que o dogma de que, porque cada venda é uma compra e cada compra uma venda, a circulação de mercadorias necessariamente implica equilíbrio entre vendas e compras (...). Ninguém pode vender a menos que alguém compre. Mas ninguém é instantaneamente obrigado a comprar, simplesmente porque vendeu (...). Se o divórcio entre a venda e a compra se torna por demais pronunciado, a íntima conexão entre eles, sua unidade, reafirma-se produzindo uma crise.[1]

Marx, portanto, também admitiu a existência de um divórcio entre decisão de poupar e decisão de investir.

---

[1] Karl Marx, *O capital*, v. 1, pp. 113-114.

Contudo, Keynes e Marx acharam motivações diferentes para a poupança. Para o primeiro, tal motivação reside no propósito especulativo, ou no precaucionário, ou ainda no transacional. Marx, a despeito de sua descrença na Lei de Say, pressupôs que o capitalista poupava porque queria investir, de modo a adquirir mais meios de produção. Para Marx, a motivação a investir era, assim, governada pela quantidade de mais-valia que o capitalista conseguia extrair do sistema, ou seja, a taxa de poupança sobre o lucro. Para Keynes, a quantidade de investimento é governada pela indução a investir, em outras palavras, expectativa de lucros. Ele distinguiu entre dois aspectos da acumulação: poupar, como restrição ao consumo, e investir, como ação de aumentar o estoque de capital.

A análise mais sofisticada de Keynes nesse terreno separou três situações típicas, conforme a poupança fosse maior que, igual a, ou menor que o investimento. No primeiro caso, como ele explicou em *A treatise on money*, quando a poupança é maior que o investimento, os preços caem e o nível de consumo será, portanto, mantido pelo aumento resultante no poder aquisitivo dos não-poupadores. Os produtores de bens de consumo, que venderam seus produtos a preços menores, terão assim transferido renda aos consumidores. Quando a poupança iguala o investimento, o efeito que aquela causa, de baixa dos preços, anular-se-á com os preços em ascensão resultantes do investimento ou com o consumo de fatores de produção adicionais. Finalmente, se a poupança é menor que o investimento, as despesas dos consumidores aumentarão relativamente ao produto disponível, com conseqüente alta dos preços e abstenções involuntárias como resultado do poder aquisitivo declinante dos consumidores. Logo, o aumento ou a diminuição de capital depende da quantidade de investimentos e não da quantidade de poupança:

> Um ato de poupança por indivíduo pode resultar ou em maior investimento ou em maior consumo por parte dos indivíduos que formam o restante da comunidade. A realização do ato de poupar não é em si mesma garantia de que o estoque de bens de capital será correspondentemente aumentado.[2]

[2] J. M. Keynes, *The collected writings of John Maynard Keynes*. Editado pela Royal Economics Society. *A treatise on money*, Londres, MacMillan, St. Martins's Press, 1971, v. V, p. 158.

Na *Teoria geral*, ele torna seu argumento mais completo, explicando a expectativa por meio da demanda efetiva. Esclarece que tais condições existirão se lucros crescentes forem esperados da contratação de novos equipamentos e de emprego. Conforme ele expõe, referindo-se à última das três hipóteses, "a expectativa de um maior excesso do investimento sobre a poupança, dado o anterior volume de emprego e produto, induzirá os empresários a aumentarem o volume do emprego e do produto".[3] Isto é, o volume do emprego é determinado pela demanda efetiva, sendo o aumento estimado de investimento sobre a poupança um critério para um aumento da demanda estimada.

Na *Teoria geral*, Keynes analisa outro aspecto da inter-relação entre poupança e investimento, muito mais relevante para a teoria econômica. Ele diz: "A poupança agregada é governada pelo investimento agregado",[4] para significar que qualquer variação no investimento será seguida de uma variação na poupança igual em direção e magnitude à primeira (em termos de estática comparativa). O mecanismo é bastante simples: partindo-se do pressuposto de que a poupança é uma função da renda, qualquer ampliação no investimento, ao aumentar a renda, aumentará igualmente a quantidade de poupança, até que esta se iguale ao investimento. Nesse ponto, o equilíbrio será alcançado e nenhum aumento adicional ocorrerá. Da mesma forma, qualquer queda no investimento, ao provocar uma queda na renda, fará que a poupança decline. Portanto, o equilíbrio, contrariamente ao que a teoria clássica afirma, pode existir em diferentes níveis de emprego. Além desse ponto, qualquer acréscimo no investimento conduzirá à inflação, qualquer decréscimo, à deflação. Esse mecanismo constitui a base da política keynesiana para impulsionar a economia em direção ao pleno emprego. Essa ordem casual entre investimento e poupança explica por que Keynes tão veementemente tornou claro que não concordava com as teorias sobre excesso de poupança, segundo as quais a distribuição de renda existente leva a um grande volume de poupança, o que, por sua vez, leva a um excesso de investimento, a uma produção de bens de consumo demasiado grande e a crises.

3 *Idem*, *General theory*, p. 78.

4 *Idem*, *ibidem*, p. 110.

Isso porque, na teoria keynesiana a origem do problema é precisamente um grande volume de poupança que *não* conduz a um volume de investimento correspondentemente grande.

A esse respeito, Marx diria que o investimento maciço não redime o sistema de crises, mas, pelo contrário, torna-as mais agudas a longo prazo, visto que, em adição à tendência a uma queda na taxa de lucro, o investimento adicional é somente possibilitado pela depressão do poder aquisitivo das massas, o que caracteriza um excesso de investimento prejudicial, ou excesso de poupança no sentido de Hobson e em oposição ao pensamento keynesiano: uma tendência à falta de *realização* do produto ou à demanda insuficiente necessariamente prevalecerá.

As explicações keynesiana e marxista para o fenômeno do desemprego e do subemprego fluem naturalmente do conceito keynesiano de eficiência marginal do capital e do conceito marxista de taxa de lucro decrescente. A teoria clássica pressupôs ser o pleno emprego a situação normal numa economia de *laissez-faire*, pois, uma vez que "a oferta cria sua própria demanda", o produto sobe automaticamente até o nível do pleno emprego, para o que a flexibilidade de salários nominais era uma premissa aceita. Keynes provou que com a eficiência marginal do capital estabelecendo uma barreira natural ao investimento, a expansão do produto até o limite do pleno emprego, embora possível, não era o caso normal. Níveis menores de renda ocorrem, compatíveis com o equilíbrio de subemprego. Além do mais, a flexibilidade dos salários nominais não mais era uma premissa válida. O fenômeno foi interpretado por Marx do seguinte modo: a taxa de lucro decrescente torna menos atrativa a acumulação de capital produtivo; portanto, o investimento cai; ajustamentos periódicos ocorrem quando a taxa de lucro é alçada pela depreciação do capital e pela queda dos salários reais, por meio do que o "exército de reserva industrial" é parcialmente reabsorvido, mas isso apenas será o caminho para uma nova e mais séria crise.

Contudo, Keynes, diferentemente de Marx, explicou o desemprego como uma função da demanda insuficiente. O volume keynesiano de desemprego é determinado pela oferta e pela demanda de bens. A escala da oferta, a propensão marginal a consumir e a indução a investir são responsáveis pelo volume de emprego. Na visão de Marx, a quantidade de emprego depende da taxa de acumulação e do capital existente; a acumulação causa escassez relativa do trabalho e um aumento dos salários reais; inovações substituidoras de mão-de-obra ocorrem e recompõem o "exército de reserva industrial". Esse conceito de desemprego é radicalmente oposto ao keynesiano. Keynes, em decorrência, sustenta que o aumento do salário real tende a aumentar o emprego; Marx, o oposto. Keynes acredita que uma queda nos salários nominais numa crise será nociva; Marx, que ela trará alívio temporário e possibilitará o restabelecimento da expansão. Ambos concordam que o aumento dos salários nominais seria de pouca utilidade num período de crises: Marx, porque pensa que ele aumentará os salários reais; Keynes, porque pensa que não.

Tanto Marx quanto Keynes consideraram o trabalho o único fator de produção. Keynes disse: "é preferível considerar o trabalho (...) como o único fator de produção operando num dado contexto de técnicas, recursos naturais, bens de capital e demanda efetiva".[5] Neokeynesianos como Joan Robinson admitem que "está ganhando terreno entre acadêmicos modernos a visão de que é enganoso tratar o capital em si mesmo como um fator de produção no mesmo pé de igualdade que o trabalho".[6] Tal mudança, que Robinson admite não ter relação direta com o marxismo, mas resultar de uma explosão de dentro, foi indubitavelmente estimulada pelo uso, por parte de Keynes, da teoria do valor-trabalho. Em seu sistema, uma hora de trabalho de produtividade média é a unidade básica de emprego; agregados de produção, renda e emprego representam certos valores em termos de unidades de trabalho, as quais se supõem constantes.

Uma exemplificação de um agregado keynesiano sendo consistentemente explicado em termos de unidade de trabalho pode ser encontrada no tratamento dado por Keynes ao *working capital*;[7] Keynes define-o como o agregado dos bens cuja produção, manu-

---

5 *Idem, ibidem*, p. 213.

6 J. Robinson, "Marx and Keynes", *Marx and modern economics*. Editado por David Horowitz, Nova York, Monthly Review Press/Modern Reader Paperbacks, 1968, pp. 103-104.

7 J. M. Keynes, *A treatise on money*, v. VI, p. 103.

fatura, transporte e distribuição a varejo estão em curso, incluindo pequenos estoques tais como matérias-primas necessárias a evitar riscos de interrupção do processo ou a contornar irregularidades sazonais. O volume desse capital pode ser obtido (assumindo taxa constante de insumo por produto e taxa constante de intensidade do emprego dos fatores de produção) por

> ...volume de emprego de todos os fatores X ½ duração do processo (o agregado do produto a qualquer momento do processo está, em média, meio terminado) X taxa de salários = folha de pagamento X ½ processo.

A unidade de salário está implícita na fórmula, uma vez que ela é inversa à razão dos salários.

Quando se considera a unidade de Marx em sua teoria do valor-trabalho, percebe-se que se trata de uma construção abstrata, concebida como o valor médio de trabalho socialmente necessário e não necessariamente coincidente com o salário médio, enquanto a unidade keynesiana são "os rendimentos monetários médios por hora de todo o corpo de trabalhadores de qualquer grau".[8] O conceito keynesiano é, portanto, *a posteriori*, resultado da divisão da soma dos salários pela massa de trabalhadores. A unidade de Marx é o que, em seu julgamento, deve ser pago ao trabalhador; a unidade de Keynes é o que é efetivamente pago ao trabalhador. Keynes estava preocupado com as determinantes do produto como um todo, e não (pelo menos diretamente) com a análise da distribuição do produto entre salários, aluguéis e juros, cada um considerado como um todo. O conceito marxista de valor, por sua vez, foi elaborado não somente para prover uma unidade contábil, mas para ajudar a compreender como as taxas de troca, isto é, os preços relativos, são determinados. Mais que isso, os marxistas mantêm que é a teoria do valor-trabalho o instrumento que ajuda a compreender o fenômeno fundamental tanto da distribuição sob o capitalismo, quanto da evolução do capitalismo.

Essa questão conduz a outra distinção de alcance prático entre as duas escolas quanto ao lucro, pois, diz Keynes: "...lucros, não

---

[8] *Idem, ibidem*, v. V, p. 56.

sendo parte da renda da comunidade, tampouco são parte de sua poupança (...) o valor do incremento da riqueza da comunidade é medido pela poupança mais o lucro".[9] Em Marx, a poupança nada mais é do que parte do lucro, da mais-valia não gasta com consumo. Tanto em Marx como em Keynes, os lucros são constituídos pela diferença entre os ganhos dos fatores de produção (incluindo-se os dos empresários) e a receita proveniente das vendas. Contudo, para Keynes os lucros são um rendimento sobre a escassez de capital; para Marx, sobre a exploração da força de trabalho. Keynes aceita plenamente a teoria neoclássica do ponto de equilíbrio de lucro zero e afirma que o lucro, positivo ou negativo, pode apenas existir fora de tal ponto. Sendo este um ponto de equilíbrio, por que razão a escala de operações dos empresários dela pode desviar-se? A resposta está no fato de os empresários assinarem contratos de longo prazo com os fatores de produção, particularmente com relação ao capital fixo. Esses compromissos de longo prazo explicam por que os empresários não podem retrair suas operações, em caso de prejuízo, ou expandi-las, no caso de ocorrência de lucros, de modo que se situem no ponto de lucro zero. Na definição de Marx do lucro como mais-valia, mesmo no ponto de equilíbrio ocorrem lucros, isso porque sua noção é a de que os custos da mão-de-obra nunca são reais, de que eles nunca igualam o valor que a mão-de-obra adiciona aos produtos, e de que na diferença entre o valor agregado pelo trabalho à produção e a remuneração do trabalho em forma de salário está a quantidade de lucro. O "capital variável" de Marx, soma efetivamente paga ao trabalho, que corresponde ao divisor na equação de Keynes para obtenção da unidade de salário, deve ser adicionado à mais-valia para produzir a magnitude pela qual o produto deve ser dividido de modo que permita achar-se o valor ou o preço médio de uma hora de trabalho socialmente necessário. Nisso precisamente reside a diferença entre a teoria do valor-trabalho de Keynes e a de Marx, o que os marxistas prontamente ressaltaram.

No que diz respeito ao consumo improdutivo, também existe alguma coincidência de tratamento pelos dois economistas. As definições são similares: em Keynes é ele o "consumo que poderia ser

---

9 *Idem, ibidem*, p. 114.

dispensado pelo consumidor sem que isso acarretasse reação sobre a quantidade de seu esforço produtivo",[10] enquanto em Marx é o consumo daqueles não diretamente envolvidos no processo produtivo, tais como donos de imóveis e o clero.[11]

Concordam ambos que o consumo improdutivo obstaculiza um maior nível de expansão do capitalismo. Marx raciocina de modo negativo, mostrando como o consumo improdutivo desacelera o ritmo da acumulação capitalista. Keynes, de modo positivo, mostrando como o consumo pode ser reorientado de consumidores improdutivos para os produtivos de modo que amplie o capital. Keynes aponta: sempre que a renda disponível é transferida de um indivíduo como consumidor improdutivo ou relativamente improdutivo para outro como produtivo ou relativamente produtivo, a quantidade de produção é aumentada e vice-versa. Marx distinguiu um processo pelo qual o consumo improdutivo cresce em volume em fases posteriores da acumulação capitalista, dessa maneira quebrando seu ritmo e, ao mesmo tempo, ajudando a *realização* do produto.

Deve-se, contudo, esclarecer que enquanto Marx considerava o consumo improdutivo como oposto à poupança e, portanto, ao investimento, isto é, insistindo em que tal tipo de consumo é sustentado por uma soma que de outro modo seria poupada (não consumida) e investida, Keynes insistiu que "nada é requerido para consertar a situação, exceto um método de transferência de consumo de um grupo de indivíduos para outro.[12] Em Keynes, não é necessário que o consumo improdutivo seja transformado em poupança para dinamizar o investimento. É mera questão de transferir renda dos consumidores improdutivos para os produtivos pela inflação de lucro (o lucro é então transferido, por meio de emprego adicional, aos fatores de produção). O consumo agregado não se altera, apenas a pessoas que estejam engajadas no processo produtivo – o qual terá um tempo de maturação em termos de renda – será permitido consumir mais. O problema está em aumentar a produtividade sem diminuir o consumo. Pleno emprego – afirma

---

[10] *Idem, ibidem*, v. VI, p. 111.

[11] Karl Marx, *O capital*, v. 2, p. 372.

[12] J. M. Keynes, *A treatise on money*, v. VI, p. 112.

Keynes – "requer uma distribuição, não redução do agregado do consumo".[13] Naturalmente, pode-se ver que esse argumento se aplica apenas a aumento no *working capital*, já que o capital fixo requer uma redução no nível do consumo corrente.

No que se refere ao consumo, seus aspectos quantitativos parecem ter prevalecido na teoria keynesiana; todo consumo é bom uma vez que expande o investimento. Keynes demonstrou essa noção por uma série de equações econômicas, chegando a uma equivalência entre lucros totais e a diferença entre custo de investimento e poupança: Q = (I – S).[14] Dessa definição sucede que se os empresários escolhem gastar uma porção de seus lucros em bens de consumo, em quantidade exatamente igual à quantidade de lucros que acabaram de ser expandidos, os lucros funcionarão como um bumerangue. Quanto mais gastos em consumo, mais retornam para o despendedor. Aliás, o consumo para Keynes "é o único fim e objeto de toda a atividade econômica";[15] o capital "é uma entidade auto-subsistente existindo à parte do consumo".[16]

Diferentemente de Keynes, a distinção de Marx entre consumo produtivo e improdutivo é importante para a análise por causa do impacto desfavorável do consumo improdutivo na taxa de acumulação. Deve-se acrescentar que, embora o consumo improdutivo seja ao mesmo tempo um obstáculo para uma taxa maior de crescimento capitalista, ele é importante para a estabilização do sistema. Isso porque, se como disse Marx, o cerne da crise é a acumulação, então o consumo improdutivo, ao diminuir a acumulação, também diminui a tendência a crises implícitas no crescimento capitalista. Bem curiosamente, o consumo improdutivo não é relacionado por Marx entre as causas que amortecem as crises capitalistas.

Considerações sobre a taxa de juros, conforme tratada por Marx e por Keynes, serão também pertinentes ao ensaio. Diferentemente da economia clássica, nem o marxismo nem o keynesianismo vêem no juro a recompensa pela poupança ou pela abstinên-

---

[13] *Idem, ibidem.*

[14] *Idem, ibidem*, v. V, capítulo 10.

[15] *Idem, General theory*, p. 104.

[16] *Idem, ibidem*, p. 106.

cia. Conforme Marx expôs, o puro ato de abstinência ou de poupança, seja em forma de entesouramento monetário, seja em forma de estoque de mercadoria, não cria qualquer juro, porque "exclusão de dinheiro de circulação também excluiria absolutamente sua auto-expansão como capital, enquanto a acumulação de um estoque na forma de mercadorias seria completa tolice".[17] E acrescenta: "Na medida em que o capitalista monetário guarda capital monetário em suas próprias mãos, este não recolhe juros e não age como capital; e enquanto ele rende juros e serve como capital, está fora das mãos do capitalista".[18] Keynes ensinou: "Deveria ser óbvio que a taxa de juros não pode ser uma remuneração da poupança ou espera como tais, pois se um homem entesoura sua poupança ele não percebe juros, embora poupe tanto quanto antes".[19]

Mas diferenças conceituais também existem quanto à taxa de juros. Na visão de Marx, o juro é o pagamento pelo empréstimo. É a parte da mais-valia que o capitalista industrial transfere para o capitalista financeiro. Keynes introduziu a escala da preferência pela liquidez e considerou o juro como a recompensa pela detenção de bens de capital não monetários, em vez destes. É o preço que os detentores de dinheiro em espécie considerarão compensador para que ofereçam uma dada quantidade de moeda, ou, nas próprias palavras de Keynes: "É o preço que equilibra o desejo de deter riqueza com a quantidade disponível de dinheiro".[20] Assim, enquanto Marx manifesta que a alternativa equilibrada pela taxa de juros é emprestar dinheiro ou tomá-lo emprestado, Keynes vê as opções como entre manter dinheiro ou manter outros bens de capital, com a preferência pela liquidez operando continuamente.

Keynes não apenas rejeitou essa visão segundo a qual a taxa de juros, a curto prazo, é fixada no nível em que a demanda de capital iguala a oferta, mas também a doutrina marginalista de longo prazo pela qual a taxa de juros é determinada pela preferência temporal. No que diz respeito à primeira hipótese, ele mantém que a taxa de juros não pode ser o instrumento que torna iguais

[17] Karl Marx, *O capital*, v. 1, p. 589.

[18] *Idem, ibidem*, v. 3, p. 371.

[19] J. M. Keynes, *General theory*, pp. 166-167.

[20] *Idem, ibidem*, p. 167.

poupança e investimento, uma vez que, por definição, ambos terminam por tornar-se iguais (S = I – C, Y = C + I, portanto I = S); mais ainda, poupança e investimento são interdependentes por meio da renda, a qual, por sua vez, e não a taxa de juros, é determinada pela interação da escala poupança-juros. A preferência pela liquidez e a quantidade de moeda são os dados que permitem a determinação das escalas de poupanças e investimento; e, por causa da interdependência entre ambas, como uma se deslocará em conseqüência de um deslocamento da outra. Keynes sublinha os aspectos monetários da taxa de juros. Mostra que, se esta deixar de equilibrar investimento e poupança, ambos serão de qualquer modo nivelados por um declínio ou por um aumento na atividade econômica, isto é, na renda.

Deve também ser lembrado que embora Marx não enfatizasse os aspectos monetários da taxa de juros, não são estes incompatíveis com seu sistema. Como Joan Robinson apontou, Marx opôs à Teoria Quantitativa da Moeda a visão de que a quantidade de dinheiro em circulação é determinada pela demanda por ele, e "entesouramentos" são a diferença entre a quantidade de moeda existente e tal demanda. Portanto, quando a demanda de moeda em circulação aumenta, os entesouramentos reduzem-se. O mesmo, de acordo com Keynes, ocorre quando um aumento de demanda por moeda em circulação ativa eleva a taxa de títulos que rendem juros, depreendendo assim parte de seu entesouramento em moeda para circulação.

A análise agregativa foi um instrumento comum a Marx e a Keynes. Ambos usaram-na como método claro e consistente para apoiar a investigação econômica, assim inovando com relação à economia clássica. Tsuru, num ensaio comparativo dos agregados marxistas e keynesianos, apresenta um impressionante conjunto de afinidades entre eles.[21] Sua análise parte da tríplice divisão marxista do valor, isto é: 1) capital constante (C); 2) capital variável (V); e 3) mais-valia (S), onde:

---

[21] S. Tsuru, "Keynes and Marx: *the methodology of aggregates*", *Marx and modern economics*. Editado por David Horowitz, Nova York, Monthly Review Press/Modern Reader Paperbacks, 1968, p. 188.

$C + V + S =$ produto
$C_1 + V_1 + S_1 =$ bens de capital,
$C_2 + V_2 + S_2 =$ bens de consumo.

Esse é o modelo de reprodução simples, em que todas as poupanças são supostamente consumidas. Mas o capitalista investe uma parte de sua poupança. Assim, um modelo mais realista é o da acumulação de capital:

$C_1 + V_1 + Sk_1 + Sc_1 + Sv_1$
$C_2 + V_2 + Sk_2 + Sc_2 + Sv_2$

onde Sk, Sc e Sv representam respectivamente a quantidade de poupança consumida, despendida na aquisição de bens de capital e na demanda de mão-de-obra adicional. Essas equações da oferta têm sua contrapartida na demanda, que é, para os bens de capital:

$C_1 + Sc_1$, do primeiro setor,
$C_2 + Sc_2$, do segundo setor,

e para bens de consumo:

$V_1 + Sk_1 + Sv_1$, do primeiro setor,
$V_2 + Sk_2 + Sv_2$, do segundo setor.

Para que oferta e demanda sejam iguais e a economia esteja em equilíbrio, é suficiente que a seguinte equação seja satisfeita:

$V_1 + Sk_1 + Sv_1 = C_2 + Sc_2$.

O produto total pode ser obtido pela adição da equação referente aos dois setores da economia, assim se chegando à expressão:

$C + V + S + Sk + Sc + Sv$.

Veja agora o conjunto de agregados keynesianos, tendo A, produto, como ponto de partida. Uma de suas equações é feita para representar aquilo que ele chama de *user cost* do produto, assim definido:

$U = A_1 + G' - G$, ignorando-se B', onde,

U = *user cost*, ou o sacrifício de valor envolvido na produção de A;
A_1 = transações interempresariais;
G = meios de produção disponíveis no fim do período;
G' = líquido do valor conservável do que estava disponível no começo do período;
B' = manutenção e melhoramento do equipamento de capital, não houvesse o empresário decidido usar A.

Essa equação simplesmente significa que o custo do produtor é dado por suas próprias compras mais o custo daquilo que ele pagou por manter e melhorar o estoque de capital. G' – G é simplesmente B', ou o custo de tais serviços. Em segundo lugar, existe:

$P = U + F$, em que

F = custo de fator de A,
P = custo de produção de A.

Por essa equação, Keynes quer dizer que o custo total da produção é dado pelo *user cost* mais a quantidade paga pelo empresário a outros fatores de produção em retribuição a seus serviços. Como conseqüência das duas primeiras equações, vem:

$Y = A - P$, em que
Y = renda.

A renda do empresário é assim definida como o excesso de valor ou produto terminado vendido durante o período sobre o seu custo de produção. Em termos macroeconômicos:

$Y_1 = A - U$;

contudo, uma vez que o custo do fator não deve ser deduzido, tem-se:

$S = A_1 - U$, em que

S = poupança.

Essa equação pode ser facilmente compreendida, pois a poupança é o excesso de renda sobre o consumo, isto é, $(A - U) - (A - A_1)$. Tem-se também:

$I = G - G'$, em que
I = investimento.

Essa equação transmite a idéia de que o investimento é dado pela quantidade de capital no fim do período menos o capital disponível no princípio. Finalmente vem:

$K = A - A_1$, em que
K = consumo.

Em outras palavras, o consumo é dado pelas vendas totais menos o que foi despendido pelos empresários em compras uns dos outros.

Finalmente, as equações keynesianas e marxistas podem ser traduzidas umas em termos da outra, sem perda de sua substância. Assim:

$$U = C - Sv$$
$$I = Sc + Sv$$
$$Y = V + S + Sv$$
$$S = Sc + Sv$$
$$K = V + Sk + Sv.$$

Capítulo 3

Considerações metodológico-doutrinárias

Meek afirmou, do construtor de modelos, em abstrato, que:

> Os instrumentos particulares de análise que emprega – suas ferramentas e técnicas, ou o que quer que seja – não são assim de modo algum escolhidos arbitrariamente. Em grande medida, são eles dependentes da natureza de sua visão, da natureza dos fatos primários os quais eles são usados para explicar e da natureza do método *geral* de análise que ele decide adotar. O grau de sua dependência a esses fatores, contudo, varia de um instrumento para outro. Enquanto alguns dos instrumentos podem ser inúteis ou mesmo nocivos quando os fatos a serem analisados e a orientação, o propósito e o método geral de análise desse construtor de modelos são radicalmente diferentes, outros poderão ter um grau maior de aplicabilidade. Alguns poderão também revelar-se úteis quando aplicados a outras formas de economia de mercado e alguns poderão ser "universais", conforme se diz, por exemplo, das técnicas estatísticas são universais.[1]

Os instrumentos metodológicos utilizados por Marx e por Keynes parecem dar razão a Meek no sentido de que foram largamente determinados pelas doutrinas daqueles dois cientistas e por

---

[1] R. Meek, *Economics and ideologies and other essays*, Londres, MacMillan & Co., 1967, pp. 93-94.

seus modos particulares de enxergar a realidade política e econômica. Marx está certamente muito mais na linha do construtor de modelos "restrito" e Keynes na linha do "universal", no sentido em que Meek empregou o termo, pois a preocupação de Marx era a especificidade do capitalismo como fenômeno histórico e econômico.

Sobre tal especialidade, Oskar Lange lembrou:

> Há alguns problemas diante dos quais a economia marxista é bastante impotente, enquanto a "economia burguesa" os resolve facilmente. Que pode a economia marxista dizer sobre o preço de monopólio? Que tem ela a dizer sobre os problemas fundamentais da teoria monetária e creditícia? Que aparato tem ela a oferecer para a análise da incidência de um imposto, ou efeito de uma certa inovação técnica, nos salários? E (ironia do Destino!), em que pode a economia marxista contribuir para o problema da distribuição ótima de recursos produtivos numa economia socialista?[2]

Ressalta Lange, contudo, que a economia marxista pode elaborar a evolução econômica do capital numa teoria consistente, enquanto a "economia burguesa" não formula mais do que meras descrições históricas. Para ele, o marxismo é o melhor instrumento para antecipar o desenvolvimento do capitalismo, mas a economia burguesa é melhor para explicar os fenômenos da vida diária numa economia capitalista. A economia burguesa é, conforme definida por Lange, uma teoria estática de equilíbrio econômico; o processo econômico sob um sistema de dados constantes e o mecanismo pelo qual preços e quantidades se ajustam a mudanças nesses dados. Em relação à teoria keynesiana, reconhece-se ter ela desenvolvido instrumentos dinâmicos próprios, além de ter empregado aquelas técnicas estáticas das escolas austríaca, marshalliana e lausaniana. Mas a economia marxista distingue-se por ter feito da qualificação daqueles dados a pedra angular de sua análise. Nesse sentido, ela evidenciou como o sistema capitalista difere de outras formas de economias de troca, e não somente elaborou uma teoria do equilíbrio econômico, mas também da evolução econômica.

---

[2] Oskar Lange, "Marxian economics and modern economic theory", *Marx and modern economic theory*, (ver nota 6, capítulo 2) 1968, p. 71.

O tratamento qualitativo de Marx e o quantitativo de Keynes às categorias econômicas revelam-se, por exemplo, na metodologia dos agregados, na qual se pode estabelecer uma diferença entre a tradição clássica dos *ajustamentos paramétricos*, que Keynes desenvolveu, e a investigação qualitativa de Marx das relações de produção subjacentes a esses parâmetros. *Ajustamentos paramétricos* é o termo dado por Tsuru[3] à dinâmica do sistema capitalista e ao seu funcionamento. Cada unidade econômica, seja familiar ou empresarial, sendo independente uma da outra, é tipicamente confrontada com categorias econômicas tais como preços e salários, taxa de juros, etc., sobre as quais não tem controle. Essas categorias são parâmetros pelos quais as unidades podem perceber o estado das condições econômicas em relação a sua atividade, as quais tentam adaptar-se conforme um princípio otimizacional específico. Assim, quando ocorre uma epidemia no gado vacum, os consumidores, sem necessariamente o saber, reagem ao aumento de preços causado pelo declínio na oferta, mudando sua demanda para galinha ou carne de porco. Esse é um *ajustamento paramétrico.*

A teoria econômica moderna fabricou em torno dos *ajustamentos paramétricos* muitos instrumentos teóricos, como o conceito de elasticidade, que indica o modo de resposta das unidades econômicas às modificações paramétricas, e o de flexibilidade, que indica o modo de resposta às modificações nos dados. Mais tarde, fenômenos como rigidez de salários, inflexibilidade dos preços de monopólio e controle artificial das taxas de câmbio abalaram a confiança nos *ajustamentos paramétricos*, bem como a harmonia que eles presumivelmente davam ao sistema. Também os efeitos da renda começaram a receber maior atenção dos economistas do que os padrões de *ajustamentos paramétricos.* Segundo Samuelson, "tão fortes são esses efeitos-renda, que é muito difícil achar empiricamente a influência do preço, a variável costumeiramente relacionada à demanda pelos teóricos econômicos".[4] Esse conflito

---

[3] S. Tsuru, "Keynes and Marx: the methodology of aggregates", *Marx and modern economics*, (Cf. nota 6, cap. 2), p. 188.

[4] *Idem, ibidem*, p. 188, citando Paul Samuelson, "A statistical analysis of the consumption function", apêndice ao capítulo XI de A. H. Hansen, *Fiscal policy and business cycles.*

influenciou a rápida aceitação da análise agregativa de Keynes conforme exposta pela *Teoria geral*. A despeito das divisões do pensamento econômico nessa questão, Tsuru afirma que "o mais ardente dos keynesianos não ignoraria inteiramente a relevância dos *ajustamentos paramétricos* para muitos dos problemas analíticos",[5] e com o tempo sobreveio uma tendência à síntese e a acomodação entre os dois métodos. O próprio Keynes fez uso de tal análise paramétrica.

Marx estava mais preocupado com as relações sociais entre os homens escondidas por detrás desses parâmetros. Sua análise era mesmo mais ampla, em espaço de tempo, uma vez que ele visualizava o sistema capitalista como apenas um estágio no desenvolvimento das sociedades humanas, e estava interessado em pinçar as características específicas do capitalismo naquilo em que este se distingue dos outros modos de produção. Portanto, para Marx, um problema como a magnitude do valor não era tão importante como achar a razão pela qual o produto do trabalho humano assume a forma específica de mercadoria sob o sistema capitalista. Isso porque a maneira particular pela qual os homens estão socialmente relacionados uns com os outros não pode ser diretamente entendida, mas, em vez disso, expressa-se por meio das relações quantitativas entre as mercadorias, dinheiro, etc., fenômeno chamado por Marx de "caráter fetichista das mercadorias":

> O caráter de ter valor, uma vez impresso sobre produtos, somente obtém permanência em virtude de eles agirem e reagirem uns sobre os outros como quantidades de valor. Essas quantidades variam continuamente, independentemente do desejo, do vaticínio e de ação dos produtores. Para eles, sua própria ação social toma a forma da ação de objetos, que governam os produtores em lugar de ser por eles governados.[6]

Portanto, os economistas burgueses estavam principalmente preocupados com a análise quantitativa "da ação de objetos", uma vez que mais ou menos tinham pressuposto que o capitalismo era uma

[5] *Idem, ibidem*, pp. 188-189.

[6] Karl Marx, *O capital*, v. 1, p. 75.

relação social imutável, e não acharam necessário questionar as características específicas do sistema como tal. Isso explica por que a discussão de Marx do *tableau économique*, no segundo volume de *O capital*, se baseia todo o tempo na pressuposição de que as mercadorias são trocadas estritamente com base em seu valor ou ao "preço normal de longo prazo" de Marshall, no qual *ajustamentos paramétricos* não têm lugar.

Outra diferença significativa na metodologia dos agregados keynesianos e marxistas reside em seu grau de abstração. Os últimos tentam reproduzir a inter-relação particular desses agregados, característica do capitalismo, enquanto os agregados keynesianos transcendem a especificidade do capitalismo. Categorias como "consumo agregado" ou "investimento agregado" e a relação entre elas expressa como propensão a consumir ou propensão a investir podem ser aplicadas a qualquer modo de produção. A noção do investimento é útil ao esclarecimento desse particular. No sistema keynesiano, é ele meramente "o desembolso de renda para os fatores de produção que não trazem ao mercado, simultaneamente, bens que devem ser correntemente vendidos".[7] Desse ponto de vista, a acumulação de inventários desempenha a mesma função que a construção de novas usinas e equipamento, porque em ambos os casos existe um desembolso de renda para fatores de produção sem, ao mesmo tempo, trazer bens para o mercado. O investimento keynesiano é, portanto, definido principalmente em termos de seus aspectos multiplicadores, e inclui todos os tipos de atos econômicos que podem ser bastante dessemelhantes uns dos outros com respeito a seus aspectos produtivos, tais como construção de estradas e "construção de pirâmides". O investimento de Marx, contudo, é expresso de modo tal que produza o efeito dual de criar demanda efetiva e aumentar capacidade produtiva. O investimento original nos agregados keynesianos é apenas importante pelas conseqüências sobre a demanda efetiva e não pertence a nenhum sistema específico. Os agregados keynesianos ajudam a responder pelo nível de emprego total na simples pressuposição de que é ele proporcional ao produto nacional líquido. Estando preocupado com

---

7 S. Tsuru, "Keynes vs. Marx", citando Paul Samuelson, *The theory of pump-priming reexamined*, p. 194.

a relação funcional entre a demanda por diferentes tipos de bens e o nível total da atividade econômica, relação que aparentemente transcende o capitalismo, Keynes executou certas operações abstratas que tornaram suas quantidades agregativas independentes do método contábil capitalista.

Pode também ser acrescentado que os agregados de Marx não foram fundamentalmente projetados para ser operacionais. São conceitos teoricamente puros, baseados nas pressuposições que procuram apontar a natureza da interdependência entre várias categorias na circulação social de uma economia capitalista. Desprezando a estrutura interna da economia, os agregados de Keynes preocupam-se sobretudo como o fluxo por um dado período. Para ele, a relação entre consumo e renda significa a relação entre o fluxo de consumo e o fluxo de investimento durante o mesmo período. O *tableau* de Marx dirige a atenção para a lógica da estrutura interna, incorporando a relação de valor de C + V + S à premissa básica de que a produção é realizada no propósito da contínua maximização do lucro. Para ilustrar como tal pressuposição influencia os agregados de Marx, pode-se lembrar que é possível, na teoria de Keynes, que o investimento num dado ano não mostre qualquer variação com relação ao ano precedente, enquanto no marxismo é impossível visualizar um caso de reprodução ampliada em equilíbrio, isto é, aquela de uma economia que acumula sem correspondente aumento no produto nacional líquido.

Retomando-se o fio central do argumento, o que intrigou Marx foi a existência, em todas as formas de sociedade de classe, de uma massa de renda parasitária que na sociedade capitalista se compunha basicamente de lucro líquido sobre o capital, renda da terra e juro; o declínio progressivo da taxa de lucro; a crescente subordinação de trabalhadores anteriormente independentes ao modo de organização capitalista; a crescente instabilidade econômica do sistema; o crescimento da mecanização, com suas mudanças na estrutura industrial; a emergência de formas várias de monopólio; o crescimento do "exército de reserva de desempregados" e a deterioração geral das condições da classe trabalhadora. Marx selecionou a "relação de produção" como a relação básica que condiciona todas as demais. Por meio dela ele discerniu como a organização da economia social se desenvolve, como se transforma na economia capitalista, como cria o antagonismo entre burguesia e proletariado, e como, ao desenvolver a produtividade do trabalho social, ela introduz um elemento de contradições irreconciliáveis no próprio capitalismo. Marx também desenvolveu a noção de que o melhor modo de entender como essas relações funcionam no capitalismo é imaginá-lo subitamente transplantado para uma sociedade pré-capitalista em que não houvesse ainda classes distintas de proprietários de capital e de proprietários de terras, e os trabalhadores fossem ainda proprietários de todo o produto de seu trabalho. Marx desenvolveu um método, dialético, que Meek chamou de lógico-histórico, no qual, para usar as palavras de Engels,

> A cadeia de pensamento deve iniciar-se com a mesma coisa com que esta história começa, e seu curso ulterior será nada mais que a imagem do curso histórico em forma abstrata e teoricamente consistente, uma imagem corrigida, mas corrigida de acordo com as leis fornecidas pelo curso real da própria história, em que cada fator pode ser considerado no ponto mais maduro de seu desenvolvimento em sua forma clássica.[8]

Nesse contexto, ele desenvolveu o conceito de trabalho abstrato e concreto, trabalho e força de trabalho, capital constante e variável, mais-valia, mais-valia relativa e absoluta, taxa de mais-valia, taxa de lucro, composição orgânica do capital e as técnicas de seus esquemas de reprodução. Sua análise tinha, além da dimensão qualitativa, uma dimensão quantitativa. Na primeira, tentou ele responder questões como o porquê de as mercadorias possuírem preço, e, na segunda, o porquê de as mercadorias assumirem os preços específicos que têm. Meek achou, ainda, que a contradição básica do capitalismo é a crescente natureza social cooperativista da produção tornada necessária pelos novos poderes de produção que a humanidade possui e a propriedade individual dos meios de produção.

Não muito do método de pesquisa de Marx lembra o de Keynes. Este estava basicamente preocupado com o fracasso da economia clássica em promover o pleno emprego, e com os remédios que poderiam ser adotados dentro do estabelecimento para

---

[8] R. Meek, *Economics and ideologies and other essays*, p. 97, citando Engels, *Ludwig Feuerbach*.

consertar a situação. Ele certamente combinou, como Marx, teoria econômica, história econômica e história das doutrinas econômicas, embora menos sistematicamente. Mas a preocupação de Keynes, diferentemente da economia clássica e do marxismo, era a quantidade de capital social mais do que sua distribuição ou a relação situada em sua base. Ele rejeitou a premissa clássica do pleno emprego como caso geral. Seu ponto de partida foi a demanda efetiva, que determina o nível de emprego. É a interação de uma curva que relaciona várias quantidades hipotéticas de emprego aos rendimentos que seus produtos estimativamente renderão, com outra curva que relaciona o preço da oferta agregada do produto obtido empregando-se um número variável de homens com aquele número. Ele então procedeu à análise do que determina a renda, sua dinâmica e os valores de equilíbrio, tais como o consumo e o investimento, e o que, por sua vez, determina a magnitude da propensão a consumir, a poupar, a eficiência marginal do capital, a taxa de juros e a escala da preferência pela liquidez.

Uma leitura do capítulo de Marx sobre a moeda, em *Gundrisse*, e do tratamento da moeda por Keynes, em *A treatise*, provê um bom contraste e ilustração das diferenças em metodologia derivadas dos diferentes fundamentos doutrinários de seus trabalhos. A abordagem de Keynes é financeira, técnica, didática; a de Marx é econômica e filosófica. A do primeiro estende-se horizontalmente e tenta catalogar tantos aspectos quanto possível da moeda; a do último é vertical e explora exaustivamente idéias fundamentais. Keynes assume ser a moeda uma realidade independente dentro da esfera econômica; Marx a vê como um fato essencialmente econômico surgindo da própria atividade de produção e consumo; Keynes considera a moeda em todas as suas formas, tais como moeda-mercadoria, moeda-dirigida (*managed money*), moeda-*fiat*, moeda-bancária, representativa, estatal, etc.; Marx está preocupado com sua substância. Keynes lida com conceitos quantitativos mais operacionais, tais como poder aquisitivo da moeda, poder laboral da moeda (*labor power of money*), números índices, padrões de moeda e nível de preços. Keynes está interessado no modo como o dinheiro funciona por seus diferentes *modi operandi*, assim como com sua dinâmica. É uma abordagem prática, elaborativa de teoria e política monetária para aqueles que tentam compreender os intrincados mecanismos da moeda como meio de pagamento. Não há um fio condutor do pensamento em *A treatise* de Keynes. Ele está mais preocupado com a descrição, sob todos os prismas, e com a análise da moeda e suas operações, do que com uma crítica da moeda como em Marx. Profusão, variedade, e não unidade, é a sua abordagem: as diferentes formas de dinheiro, sua criação, evolução e análise; poder aquisitivo, sua determinação; níveis de preço, dinâmica e suas diferentes medidas; taxa bancária, seus *modi operandi* e influência no meio circulante; ciclos de crédito, depósitos, velocidade de circulação; investimento, controle de sua taxa e sua flutuação; administração do dinheiro, seus problemas, gerenciamento nacional, internacional e supranacional.

A análise de Marx é linear, e melhor seria se se chamasse "capítulo sobre o valor", pois ela nada mais é do que o desenvolvimento de sua noção de valor, o modo pelo qual ele se torna realidade e adquire qualidade concreta. A moeda é a realidade do valor. Marx tenta responder a questão fundamental: "Podem as relações de produção existentes e as relações de distribuição que lhe correspondem ser revolucionadas por uma mudança nos instrumento da circulação, na organização da circulação?"[9] E seu ponto é que modificações formais na moeda não podem efetuar modificações substanciais nas relações de produção:

> Uma forma pode remediar males contra os quais outra é impotente, mas nenhuma delas, enquanto permaneçam formas de moeda, e enquanto a moeda permaneça uma relação essencial de produção, é capaz de superar as contradições inerentes às relações monetárias, e podem, ao contrário, apenas esperar reproduzir essas contradições de um modo ou de outro. Uma forma de trabalho assalariado pode corrigir os abusos de outra, mas nenhuma forma de trabalho assalariado pode corrigir os abusos do próprio trabalho assalariado.[10]

Daí sua preocupação com a moeda, em contraste com formas de moeda; com a essência da moeda, e não com a exteriorização da

---

[9] Karl Marx, *Grundisse*, tradução para o inglês de Martin Nicolaus, Nova York: Random House, 1973, p. 123.

[10] *Idem, ibidem.*

moeda. Para compreender sua teoria, é preciso compreender seus conceitos básicos: *valor* é uma magnitude determinada pelo custo de produção ou, em outras palavras, pelo tempo de trabalho requerido para produzi-lo; *preço* é valor expresso em moeda; a moeda é, assim, a realização do preço. O valor de mercado é algo bastante diferente do puro valor em si mesmo, e oscila acima ou abaixo dele. Outra importante distinção é aquela entre valor de uso e valor de troca de uma mercadoria. O valor de uso é um conceito qualitativo, que preserve para cada mercadoria uma destinação diferente, o preenchimento de um objetivo particular. Valores de uso diferenciam as mercadorias. O valor de troca, contudo, é um conceito quantitativo que equaciona todos os bens ou torna possível sua definição em termos uns dos outros. Trata-se de uma medida comum, dada pela horas de trabalho incorporadas ao valor de cada mercadoria. Torna as mercadorias diferentes umas das outras apenas quantitativamente. O próximo passo é compreender que, por causa daquela dicotomia, o valor de troca se separa da mercadoria e existe juntamente com ela como uma mercadoria em si mesma, como um fim em si mesmo (por exemplo, C-M-M-C ou M-C-C-M).[11] Isso é moeda. O valor de troca cria moeda. Por isso é impossível suspender a complicação e as contradições que derivam da existência da moeda junto com uma mercadoria particular apenas pela alteração de uma forma de dinheiro, e também é impossível abolir o dinheiro em si mesmo enquanto o valor de troca for a forma social dos produtos. A moeda (ou valor de troca como mercadoria independente) causa uma separação entre compra e venda; elas podem ou não se corresponder, equilibrar-se ou não. Isso pode prover uma base para a teoria do desequilíbrio. Também a troca pela troca é diferente da troca pela utilidade intrínseca das mercadorias. Isso pode explicar a acumulação capitalista e a atividade mercantil. Como uma mercadoria particular junto com outras, a trocabilidade da moeda está sujeita a condições peculiares, ocasio-

[11] O esquema significa que as mercadorias são trocadas por moeda, e tal moeda, por sua vez, por mercadorias; novamente a mercadoria é trocada por moeda, e assim por diante. O propósito é mostrar que a produção é levada a efeito no interesse da acumulação capitalista, isto é, a produção de mercadorias torna-se em si mesma um meio, não um fim.

nais, que contradizem sua trocabilidade geral e incondicional, como a inconversibilidade ou o poder aquisitivo do dinheiro. Todas as contradições do sistema monetário – assevera Marx – e da troca de produtos sob o sistema monetário são o desenvolvimento da relação de produção como valor de troca, de sua definição como valor de troca ou como valor puro e simples. Valor de troca, não suas formas, pode desempenhar mudanças nas relações sociais: ele desintegrou as condições não-monetárias patriarcais e feudais, e permitiu a apropriação de valor de troca por parte de cada indivíduo engajado no processo de produção.

Capítulo 4

Filosofia social e ação econômica

Tanto no sistema de Keynes como no de Marx, o dirigismo desempenha papel proeminente. Ambos, cada um a seu modo, opuseram-se à tradição clássica do liberalismo. O *laissez-faire* foi por eles considerado irracional, superado e incapaz de promover o bem-estar social e o equilíbrio econômico. Um e outro inspiraram ação política visando a compatibilizar os agregados econômicos. Ambos mantêm que a causa das crises do capitalismo é o conflito crônico entre a capacidade de produção e a capacidade de consumo: está presente em cada um dos dois sistemas a idéia de que a concentração de renda restringe o consumo ao mesmo tempo em que aumenta a taxa de investimento, o que equivale a dizer que restringe o campo para o investimento rentável. Tais contradições emergem quando longos períodos de acumulação decorrentes de conflitos bélicos ou de inovações tecnológicas chegam a um ponto estacionário. Joan Robinson afirma que "a teoria de Keynes fornece forte apoio à assertiva de Marx de que a verdadeira barreira à produção capitalista é o próprio capital".[1]

Contudo, a conjugação da teoria subconsumista com o desejo de preservar a liberdade de empresa e uma desafeição a revoluções é o remédio keynesiano. Para Marx, a má distribuição de renda é inerente ao sistema capitalista e não pode ser dominada sem drásti-

---

[1] J. Robinson, *An essay on marxian economics*, Londres, MacMillan & Co., p. 72.

ca mudança. A preocupação de Keynes foi a de reformar o capitalismo de tradição neoclássica, não a de aboli-lo. Ele respondia a uma crise específica do sistema, a Grande Depressão dos anos 1930, e logrou demonstrar que os economistas neoclássicos se recusavam a ignorar problemas reais como depressão e desemprego. Procurou descobrir quais eram as falhas do sistema a fim de criar meios de evitar sua autodestruição. Acreditava que os males do capitalismo poderiam ser remediados. Marx não pretendeu reformar o capitalismo, mas extingui-lo. Procurou compreender o sistema com o propósito de apressar sua queda. Acreditava que as contradições internas do capitalismo levariam a sua destruição. Keynes buscou o remédio na modificação do capitalismo de *laissez-faire* por meio de "ação estatal deliberada", mas era reformista, não revolucionário. Marx estava persuadido de que o desenvolvimento do capitalismo, à medida que desse origem a um proletariado revolucionário, conduziria à própria abolição dos sistemas. Keynes, portanto, defendia o intervencionismo tendente a encontrar soluções para os problemas do capitalismo no âmbito de sua própria estrutura, apto a conduzir o sistema em direção a certos objetivos e a resolver suas contradições positivamente. As implicações do marxismo para a economia política, por sua vez, originaram ações que objetivavam a propriedade e o controle dos meios de produção pelo Estado, em nome de um proletariado revolucionário, e visavam, em outras palavras, a resolver as contradições capitalistas negativamente. Conforme Roll colocou: "...admiradores, assim como detratores, concordam em que Marx foi muito mais (...) que economista, foi um revolucionário que usou o estudo da economia política como instrumento numa luta política".[2]

Será útil examinar o último capítulo de *General theory*, no qual Keynes declara "a filosofia social a que ela poderia conduzir". Ele apontou a inabilidade de promover o pleno emprego e uma distribuição iníqua da renda como os defeitos salientes da sociedade. Keynes almeja uma redução na disparidade da distribuição de renda, porquanto o crescimento do capital não depende da "poupança dos ricos relativamente a sua superfluidade",[3] e sim de uma

---

[2] E. Roll, *History of economic thought*, Nova York, Prentice-Hall, 1940, p. 140.

[3] J. M. Keynes, *General theory*, pp. 372-373.

alta propensão a consumir. Portanto, conclui ele, "o crescimento da riqueza, longe de depender da abstinência dos ricos, conforme é comumente suposto, é mais passível de ser por ela obstaculizado".[4] Keynes não pretende, contudo, uma extinção absoluta das disparidades: "Creio que há justificativas sociais e psicológicas para desigualdades significativas de renda e de riqueza, mas não para tão grandes disparidades como hoje existem",[5] o que bem evidencia sua posição de reformista e seu interesse na distribuição de renda de um ponto de vista não apenas ético como também pragmático, na medida em que a concentração de renda ameaça o desenvolvimento do capitalismo até o cume de suas potencialidades. Ele mantém a postura segundo a qual, na hipótese de melhor distribuição de renda, será sempre possível para a poupança da comunidade, "por meio do gerenciamento do estado",[6] ser mantida em um nível que permitirá o crescimento do capital num ponto que deixará de ser escasso.

Embora admita que "uma socialização do investimento de certa forma abrangente se mostrará como o único meio de garantir uma aproximação de pleno emprego",[7] por meio do controle da indução a investir pela política estatal, esclarece que "nenhuma óbvia apologia é feita de um sistema de socialismo estatal que envolva a maior parte da vida econômica da comunidade,[8] e prossegue:

> Não é importante para o estado que ele próprio assuma a propriedade dos instrumentos de produção. Se o estado for capaz de determinar a quantidade agregada de recursos destinados a aumentar os instrumentos e a taxa básica de remuneração para os que os possuem, terá realizado o necessário.[9]

Keynes assevera, ainda, que pode haver conciliação entre empresa privada e pública em condições de concorrência perfeita e imper-

---

4 *Idem, ibidem*, p. 373.

5 *Idem, ibidem*, p. 374.

6 *Idem, ibidem*, p. 376.

7 *Idem, ibidem*, p. 378.

8 *Idem, ibidem*.

9 *Idem, ibidem*.

feita. Tudo o de que se necessita são controles estatais que introduzam um ajuste entre propensão a consumir e indução a investir, e assegurem uma demanda efetiva e um volume de emprego adequados. Keynes concorda com a necessidade de conter ou controlar o livre jogo de forças de mercado, mas concorda também que ainda restará um vasto campo para o exercício da iniciativa e responsabilidade privadas.

> O individualismo, se puder ser purgado de seus defeitos e abusos, é a melhor salvaguarda da liberdade pessoal, no sentido de que, comparado com qualquer outro sistema, expandirá economicamente o campo para o exercício da escolha pessoal.[10]

Como tem por premissa que os sistemas autoritários sacrificam a eficiência e a liberdade em favor da resolução do problema do emprego, Keynes pensa que a chave do problema reside na racionalização do sistema, na compatibilização de seus agregados por meio de controle pelo estado, não no sistema como propriedade do estado. Ele *confia* no sistema.

O "estado" de Marx carece de credibilidade para implementar uma ação como a prescrita por Keynes, porquanto não haveria a possibilidade de um controle, pelo estado, imparcial. Aparentemente descompromissado com, e acima de classes, o estado marxista é um produto da sociedade de classes. Sua função essencial é manter as relações existentes, o que, em última análise, significa que o estado é uma organização especial de força a serviço da classe dominante. Portanto, do ângulo marxista, estados em sociedades capitalistas são fundamentalmente "ditaduras da burguesia" e, em sociedades socialistas, devem ser fundamentalmente "ditaduras do proletariado". E também:

> Entre capitalismo e comunismo situa-se o período de transformação revolucionária de um no outro. A isso corresponde um período de transição política em que o estado não poderia ser outra coisa senão uma ditadura revolucionária do proletariado.[11]

---

[10] *Idem, ibidem*, p. 380.

[11] Karl Marx, *Critique of the Gotha Program*, Nova York, International Publishers, 1938, p. 16.

Mais ainda:

> O alvo imediato dos comunistas é o mesmo de todos os outros partidos proletários: transformação do proletariado numa classe, derrubada da supremacia burguesa, conquista do poder político pelo proletariado.[12]

O que o marxismo teórico procura é abolir a divisão de classes em si, o que, segundo ele, somente poderá ser levado a efeito por uma substituição da ditadura burguesa pela proletária, de um estado capitalista por um comunista que mire promover o desenvolvimento das forças produtivas que acabarão com a insuficiência de produção que ele vê como a raiz da estrutura de classes. Portanto, a abolição de classes pressupõe um grau de evolução em que a existência da distinção classista se terá tornado um anacronismo. Em outras palavras, pressupõe o desenvolvimento da produção a um grau em que a apropriação dos meios de produção e do produto – e tudo o que isso acarreta (domínio político, monopólio da cultura, liderança intelectual por uma classe particular da sociedade) – se terá se revelado não só desnecessária, mas, sob todos os aspectos, uma atrofia ao desenvolvimento. Marx propôs:

> A classe trabalhadora, no curso de seu desenvolvimento, substituirá a velha sociedade civil por uma associação que excluirá classes e seus antagonismos, e não mais haverá poder político propriamente dito, uma vez que o poder político é precisamente a expressão oficial do antagonismo na sociedade civil. Nesse ínterim, o antagonismo entre o proletariado e a burguesia será uma luta de classe contra classe, uma luta que, levada a sua expressão máxima, será uma revolução total. Na verdade, será de todo surpreendente que uma sociedade fundada na oposição de classes não culmine em brutal contradição, no choque de corpo contra corpo, como desenlace final?[13]

---

[12] Karl Marx, F. Engels, *Manifesto of the communist party*, Selected Works, Nova York, International Publishers, 1968, p. 46.

[13] Karl Marx, *The poverty of philosophy*, Nova York, International Publishers, 1963, p. 174.

O estado, para o marxismo, não é, portanto, um poder imposto à sociedade por forças externas a ela, e muito menos "realidade da idéia moral"[14] ou a "imagem e a realidade da razão",[15] conforme conceituou Hegel. É sim o resultado de um estágio particular de desenvolvimento, a admissão do fato de que tal sociedade submergiu em autocontradições insolúveis e antagonismos insuperáveis. O estado surge nesse contexto como um *soi-disant* poder moderador do conflito, embora não o seja assim para Marx. Joan Robinson sintetizou o debate:

> Marx mantém a idéia de que o capitalismo é obrigado a se desenvolver de modo tal que provoque sua própria destruição, e conclama os trabalhadores a se organizarem para apressar sua derrubada (...) Keynes mostra que o capitalismo tem defeitos sedimentados, os quais, contudo, ele julga passíveis de ser remediados. Marx está fazendo propaganda contra o sistema (...) e Keynes o está criticando a fim de melhorá-lo. Marx mostra que as regras são desfavoráveis aos trabalhadores e, por tal motivo, não mais serão toleradas por muito tempo. Keynes mostra que as regras precisam ser modificadas de modo que garantam que a riqueza continuará a crescer (...) Marx é bastante claro acerca de seu propósito. Ele está do lado dos trabalhadores e prega contra o capitalismo com o objetivo de encorajar os trabalhadores a derrubá-lo. Keynes é contra desperdício, irracionalidade e pobreza desnecessária. Ele não está tão interessado em quem receba os benefícios da produção aumentada quanto em assegurar que esta tenha lugar. Considera uma igualdade maior de renda desejável, mas sua atitude é moderadamente conservadora, sustenta que se apenas o capitalismo pudesse ser posto a funcionar eficientemente seria ele melhor do que qualquer alternativa.[16]

Contudo, a incompatibilidade entre os dois sistemas não é apenas uma questão de filosofia social, mas também de princípios teóricos. Os marxistas sempre contestaram a eficácia da política

---

[14] D. Goldway, H. Selsam, H. Martel (Eds.), *Dynamics of social change*, citando Hegel, Nova York, International Publishers, 1973, p. 336.

[15] *Idem*, *ibidem*, citando Hegel.

[16] J. Robinson, "Marx, Marshal and Keynes", *Collected economic papers*, Oxford, Basil Black Well, 1960, pp. 3, 5 e 6.

keynesiana que se propõe a promover o pleno emprego pelo aumento da demanda efetiva. Dobb mantém a tese de que o pleno emprego assim obtido é como o fio da navalha: "...uma pequena pressão em cada direção é passível de causar um rápido movimento cumulativo, para cima (condições inflacionárias e subseqüente colapso), ou para baixo, em direção à queda de demanda".[17] Se tal é o caso, políticas de estabilização estruturadas em termos de agregados serão demasiado genéricas e não seletivas para abalar as tendências desestabilizadoras em (ou perto de) sua fonte. Ele também defende que tal política somente atingirá seu objetivo se houver correspondência entre a distribuição da capacidade de produção sucessiva em cada um dos segmentos da indústria e a distribuição da demanda adicional, tal que pontos de estrangulamento possam ser evitados. Adicionalmente, para Dobb e outros marxistas, somente poderia haver pleno emprego sob o capitalismo se este pudesse operar como se fosse socialismo. Dobb cita Stalin:

> Se o capitalismo pudesse adaptar a produção, não para a aquisição de lucros máximos, mas para a melhoria sistemática das condições materiais para a massa do povo (...) não haveria crises. Mas, então, o capitalismo não seria capitalismo. Para abolirem-se as crise, o capitalismo deve ser abolido.[18]

Baran[19] argumenta que o aumento da renda resultante da injeção de gastos governamentais cria uma atmosfera esfuziante, na qual o aumento de capacidade é levado para mais longe do que seria permitido pelo nível de demanda agregada, assim enfraquecendo mais ainda as induções a investir. Sweezy queixa-se de que muitos dos mais importantes problemas do sistema capitalista são completamente ignorados pela *Teoria geral*, de que Keynes negligenciou a mudança e o desemprego tecnológico, problemas que figuram como parte integral da estrutura teórica marxista, bem como trata o desemprego como um sintoma de falha técnica no

---

[17] M. Dobb, *On economic theory and socialism*, Londres, Routledge & Kegan Paul, p. 222.

[18] *Idem, ibidem*, p. 225, citando Stalin.

[19] P. Baran, *The political economic of growth*, Nova York, Monthly Review Press, cap. VI, 1957.

mecanismo capitalista, enquanto Marx considera o desemprego como instrumento indispensável pelo qual os capitalistas mantêm controle sobre o mercado de trabalho. Afirma também que Keynes ignora completamente o monopólio e seus efeitos adversos para a distribuição de renda e a utilização de recursos, bem como o enorme e parasitário aparato de distribuição e propaganda que ele impinge à economia. Prossegue Sweezy:

> Mas talvez o mais contundente de tudo seja o hábito de Keynes de tratar o Estado como *deus ex machina* a ser invocado sempre que seus atores humanos, ao procederem de acordo com as regras do jogo capitalista, se virem num dilema do qual aparentemente não há saída, [porquanto] o estado não é um deus, mas um dos atores".[20]

Ele ataca em Keynes a

> ...recusa em ver a economia como parte integrante de um todo social, a inabilidade em ver o presente como história, em compreender que os desastres e as catástrofes entre os quais nós vivemos não são simplesmente uma "terrível barafunda", mas o produto direto e inevitável de um sistema social que exauriu seus poderes criativos, cujos beneficiários, porém, estão determinados a seguir em frente sem levar em conta o custo.[21]

Joan Robinson faz-se de Verônica do sangue de Keynes em sua *via crucis* marxista. Ela proclama que não se pode invalidar a teoria econômica de Keynes (como de resto, de ninguém) por um simples desacordo com as doutrinas que tais teorias se destinam a apoiar. Quanto à crítica marxista a Keynes, segundo a qual o estado não é arbítrio imparcial, mas ator que desempenha um papel no drama, ela responde:

> ...os capitalistas não gostam de crises. O desemprego é seguido de perdas (....) provê de munição perigosa seus inimigos políticos.

---

[20] P. Sweezy, "Jonh Maynard Keynes", *Keynes's general theory-reports of three decades*, Editado por Robert Lechamann. Nova York, St. Martin Press, 1956, p. 303.

[21] *Idem, ibidem*, p. 304.

> Ao evitar o desemprego o governo estará fazendo para eles algo que eles gostariam fosse feito mas não podem eles próprios fazer.[22]

Joan Robinson salienta que os capitalistas permitiram a introdução de legislação trabalhista, porque sabiam que exploração excessiva arruína a mão-de-obra da qual dependem, e, embora rotulando de "antiliberais" as políticas keynesianas, os capitalistas confiam nelas para defender de si mesmos sua própria propriedade privada. E ela ironicamente concorda com Schumpeter e Galbraith no tocante ao fato de o marxismo fornecer "uma defesa firme, cínica e inteligente das regras do jogo capitalista, defesa essa bem mais eficaz que a tênue, sofisticada e especial arenga que lhe tributa a escola ortodoxa".[23] Isso porque – explica – o marxismo justifica a função da exploração, já que nas sociedades socialistas – nas quais o lucro privado não cria um diferencial entre salários e preços para impulsionar o investimento – tal diferencial tem de ser criado pela taxação a fim de extrair os fundos para a acumulação.

Marx, escreve Robinson, também fornece um argumento para o capitalismo, pois, segundo ele, se o capitalismo realmente investisse o excedente, não haveria necessidade de socialismo. Já Keynes, esse fornece um argumento a favor do socialismo ao mostrar no capitalismo uma tendência natural de uma economia avançada a estagnar, com nível de emprego estacionário. Robinson se opõe à tese marxista de que os salários reais, *grosso modo*, permanecem os mesmos em virtude das inovações substituidoras de mão-de-obra que ocorrem sempre que o "exército de reserva industrial" está desfalcado, e sustenta que nas economias capitalistas avançadas o nível de salário se tem elevado em função do aumento de produtividade, que permite tanto acumulação como melhoria nos padrões de vida dos trabalhadores, os quais "encaram a vida em termos de valores capitalistas, e desenvolveram um estado de espírito no qual não desejam alterações nas regras do jogo".[24] E conclui:

> A experiência corrente sugere que o socialismo não é um estágio além do capitalismo, mas um seu substituto – um meio pelo

---

22 Joan Robinson, *op. cit.*, p. 8.

23 *Idem, ibidem*, p. 8.

24 *Idem, ibidem*, p. 14.

> qual as nações que não participaram da Revolução Industrial podem imitar seus sucessos tecnológicos; um modo de atingir rápida acumulação sob um conjunto diferente de regras do jogo.[25]

Adverte que a inadequação das doutrinas de Keynes não reside na inconsistência da teoria, mas em seu escopo restrito; que de nada serve querer utilizar as receitas de Keynes em situações às quais não se aplicam.

Encerrarão este capítulo algumas palavras sobre o imperialismo. Keynes, assim como Marx, não tratou o imperialismo e a guerra como parte integral do capitalismo. Foram os marxistas, mais do que Marx, que proclamaram o fato de as mudanças estruturais no capitalismo conduzirem, tanto nacionais como internacionais, a competição, crises, imperialismo e guerra. Keynes, contudo, levou em conta em sua análise do capitalismo a possibilidade de exportações de capital para regiões subdesenvolvidas, enquanto Marx desenvolveu sua análise dentro das fronteiras de um sistema fechado, o qual mais tarde Lenin abriria. Contudo, se Marx não analisou o imperialismo em sua projeção externa, preocupou-se com a projeção interna que, para os marxistas, é o monopólio. Reconheceu formas cediças de monopólio emergindo do capital associativo, capital que permitiria "Uma enorme expansão da escala de produção e das empresas, que era impossível para capitais individuais",[26] o aparecimento de "capital social" (capital de indivíduos diretamente associados) como distinto de "capital privado", e a transformação do capitalista efetivamente operante num simples gerente, num administrador do capital de outras pessoas, e do proprietário de capital num mero proprietário, num mero capitalista financeiro. "É a abolição do capital como propriedade privada dentro da própria estrutura da produção capitalista."[27] É uma expropriação dos meios de produção de todos os indivíduos, que não resolve as contradições entre riqueza como bem social e como bem individual, mas apenas lhes dá nova forma.

Bogotá, 1976/1977.

---

[25] *Idem, ibidem*, p. 15.

[26] Karl Marx, *O capital*, v. 3, p. 436.

[27] *Idem, ibidem*, p. 438.

Parte II

As contradições no capitalismo e no marxismo

Capítulo 5

O capitalismo em crise

Conforme flui dos capítulos anteriores, a pressão no sentido da mudança sofrida pelo sistema capitalista, em diferentes graus e com diferentes propósitos, é um dos importantes vetores da dinâmica social, econômica e política do mundo contemporâneo. A contestação do capitalismo e de sua espinha dorsal – a propriedade privada dos meios de produção –, não nasceu no século XX, e certamente lhe sobreviverá. Dos socialistas utópicos aos marxistas científicos, dos neoliberais aos democrata-cristãos e aos social-democratas, a pregação revolucionária ou reformista cumpriu já longa trajetória. Ainda assim, o capitalismo, como o socialismo, não é uma formação histórica acabada, estática, mas um processo que se verifica em dimensões mundiais, incluindo-se aí os países em desenvolvimento. Ao conjunto de novas relações surgidas no capitalismo mundial, tanto no centro como na periferia, interpretam como socialização aqueles que crêem que a história caminha em direção ao socialismo; e esse mesmo conjunto é interpretado como passagem a um novo estágio do capitalismo por aqueles que pensam de modo diverso.

O marxismo tem sido o caso extremo, a forma de oposição mais radical e impiedosa, o anticapitalismo. O fervor contestatório marxista faz-se acompanhar de um rigor de análise que é reconhecido por marxistas e por não-marxistas. É importante, qualquer que seja a corrente que se abrace, não se perder de vista a noção de que o marxismo – teoria da auto-extinção do capitalismo, doutrina da luta de classes, concebida no interesse da *ditadura do proletariado* – projeta sobre o capitalismo luzes tão proveitosas aos inimigos do capitalismo como a seus críticos moderados e ao próprio capitalismo. Não foi sem razão que S. Popov comentou:

> ...os altos sacerdotes da burguesia e os oportunistas sempre procuraram separar o ensinamento econômico de Marx das conclusões revolucionárias que derivam do *O capital* com lógica inexorável. Afirmaram que Marx apenas forneceu a anatomia da estrutura econômica do capitalismo, e que o socialismo científico e a sua tese sobre a necessidade de destruição revolucionária do sistema burguês não decorrem do pensamento econômico de Marx.[1]

Ainda assim, são restritos os círculos em que se opera uma avaliação seletiva das proposições marxistas. Nos meios acadêmicos dos Estados Unidos da América, por exemplo, os economistas do *establishment*, desafiados pela teoria econômica marxista, erigiram em bandeira a teoria neoclássica – como se fosse esta a melhor defesa do capitalismo, pelo fato de as demonstrações neoclássicas conduzirem invariavelmente a um *happy end* – com a única condição de se deixar operarem livremente as forças de mercado. As crises e os problemas do capitalismo nada mais seriam, nesse contexto, do que uma penitência pelo fato de o sistema ter saído dos eixos neoclássicos. Assim, a teoria neoclássica que se destinou a explicar uma realidade, num determinado tempo e espaço, foi extrapolada para uma outra realidade. Em decorrência disso, muitos são os economistas norte-americanos que, ao escreverem sobre marxismo, deixam transparecer o *parti pris* de refutar suas teorias nos pontos que são nevrálgicos para o capitalismo.

É compreensível que os *establishments* acadêmicos se empenhem em contestar o marxismo com base no exame crítico, de caráter racional; é até mesmo compreensível que procurem fazê-lo motivados pelos interesses da classe dominante, entre outras razões, porque o capitalismo se nutre de expectativas favoráveis; para ele, é importante que sua longevidade, sua viabilidade, possa

---

[1] S. Popov, *Socialism and humanism*, traduzido do russo por David Skivirsky. Moscou, Progress Publishers, 1977, p. 47.

ser cientificamente comprovada e defendida. No caso norte-americano, essa fidelidade ao capitalismo tem suas raízes na própria formação nacional, no "sonho americano", inspirado na liberdade de iniciativa. Galbraith reconhece que a "economia não é primariamente uma ciência expositiva; ela também se presta ao interesse econômico dominante. Cultiva as crenças e destarte o procedimento que tal interesse requer".[2] Manifesta, porém, Galbraith que "gostaria de ver a instrução econômica refletir a realidade atual. E não deveria ser parte do propósito da instrução econômica o propagar a crença conveniente".[3] Mais adiante admite que, "deixadas por sua própria conta, as forças econômicas não obram para o melhor, exceto para os mais poderosos",[4] e "uma conseqüência da rejeição do modelo neoclássico é talvez um renovado interesse em Marx",[5] porquanto o marxismo é muito mais realista ao destacar o papel, por exemplo, da grande empresa, o poder que representa, sua tendência à concentração e aglutinação em virtude da capacidade técnica superior, sua preponderância sobre o próprio controle estatal.

Menos compreensível é quando, numa discussão doutrinária ou acadêmica, aspectos subjetivos interferem de modo que imponham conclusões aprioristicamente determinadas, sem qualquer lastro teórico, como ocorre quando *scholars* procuram invalidar o marxismo *in totum* a partir de uma ou duas de suas falhas, a exemplo dos anões da estória para os quais o elefante era a componente anatômica deste que conseguiam enxergar. Entre os erros que amiúde se cometem, sobressai o de esquecer-se que o marxismo trata do desenvolvimento capitalista, não de uma sociedade sob o regime da propriedade coletiva dos meios de produção e, portanto, os insucessos que ocorrem nessas sociedades não são elementos de juízo sobre a análise marxista do capitalismo.

Apesar de modificações por que passou o capitalismo em sua história, decorrentes de pressões sociais interpretadas por correntes diversas e de uma dinâmica própria, apesar da considerável altera-

---

[2] J. K. Galbraith, *Economics and the public purpose*, Nova York, The Nex American Library, 1975, p. x.

[3] *Idem, ibidem*, p. x.

[4] *Idem, ibidem*, p. xi.

[5] *Idem, ibidem*, p. 27.

ção em sua fisionomia provocada por essas mudanças, a crítica essencial de Marx ao capitalismo constitui um desafio para o sistema capitalista, para a teoria e para o pensamento econômico ortodoxos, e permanece resguardada do fato de Marx não ter sido um perfeito economista, ou um perfeito sociólogo, ou um cientista político perfeito, ou ainda das contestações de que Marx errou em vaticínios como o de que os países de maior desenvolvimento capitalista seriam os primeiros a se socializar, ou de que a existência de classes sociais decorre da propriedade dos meios de produção. A crítica essencial, que ainda mantém o capitalismo no banco dos réus, dirige-se ao que ele determinou de "contradição fundamental do capitalismo"; como já se viu, a de que, no processo acumulativo, os produtores colocam um número cada vez maior de bens à disposição dos consumidores ao mesmo tempo em que reduzem ao máximo o poder aquisitivo desses mesmos consumidores, desequilibrando, com isso, oferta e demanda, e rompendo o que, para a economia ortodoxa, é identidade entre produto e renda. Convém, pois, voltar ao tema, detalhá-lo e indicar sua atualidade.

Assim, no gráfico I a seguir, que descreve uma economia hipotética em que não se verifica acumulação,

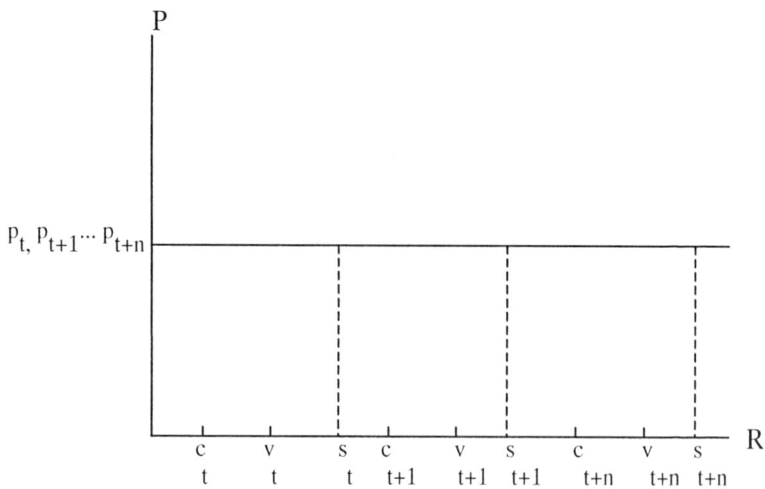

GRÁFICO I

sendo

P = produto
R = renda
c = trabalho constante
v = trabalho variável
s = mais-valia,

tem-se que a economia, num dado fluxo de tempo (t), opera um produto que será idêntico em magnitude ao dos subseqüentes períodos de tempo (t + 1, t + 2...t + n), emprega, a cada período, quantidades idênticas de mão-de-obra e capital e extrai uma fração constante de mais-valia que, por sua vez, é praticamente consumida, havendo, portanto apenas investimento de reposição. Por inexistir acumulação, não emergirá, do modelo acima, a "contradição fundamental" apontada por Marx.

No gráfico II,

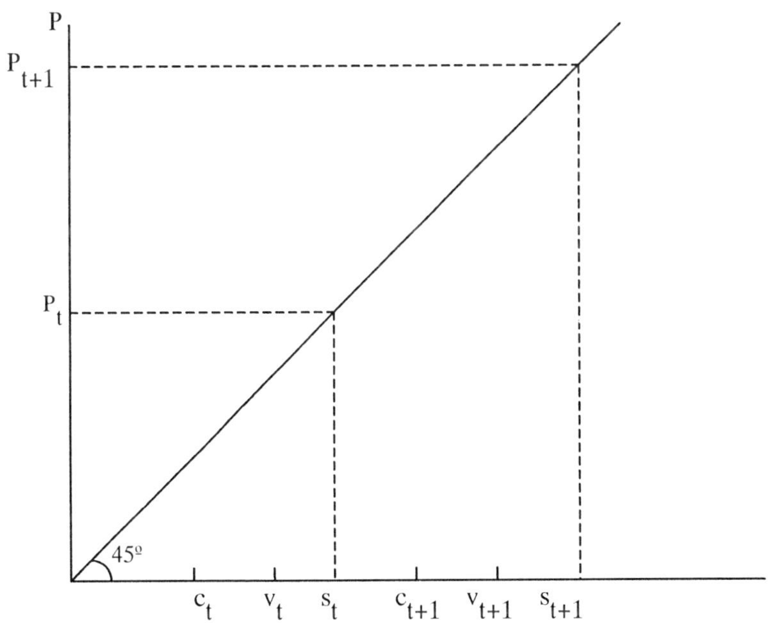

GRÁFICO II

tem-se que a economia, em fluxos de tempo idênticos e subseqüentes, opera níveis cada vez maiores de produto, graças, por sua vez, a níveis cada vez maiores de emprego de fatores de produção, e extrai, conseqüentemente, quantidades sempre maiores de mais-valia a cada fluxo de tempo. A síndrome apontada por Marx ainda não se coloca aí, porquanto persiste a igualdade entre oferta e demanda e a identidade entre renda e produto, já que a mais-valia ou é consumida (aquisição de bens de consumo) ou é investida (aquisição de bens de capital) pelo capitalista. De uma forma ou de outra, a mais-valia é despendida. Já então surge, entretanto, a evidência de que o investimento da mais-valia é condição *sine qua non* para uma situação de equilíbrio econômico e, portanto, a evidência de que a acumulação em escala crescente é requisito para o equilíbrio do sistema. Ainda que o sistema possa conservar-se em equilíbrio observando um comportamento não acumulativo, conforme o caso ilustrado pelo gráfico I, ou seja, consumo integral da mais-valia, a realidade do sistema, seus móveis, abordados no capítulo 1, tornarão tal opção simples hipótese teórica.

Como a mais-valia, durante o processo acumulativo, vai aumentando de magnitude, estabelece-se um fosso cada vez maior entre o valor agregado da produção inclusive mais-valia que corresponde ao valor da oferta e o valor agregado da produção exclusive mais-valia que corresponde às remunerações dos fatores de produção e, portanto, ao nível da demanda. Note-se que a mais-valia aumenta sua participação na renda em termos absolutos, mesmo que isso possa não ocorrer em termos relativos. Como também já foi visto, diante da situação de subconsumo que se cria, para que não haja ruptura do equilíbrio econômico é necessário que a mais-valia seja em sua totalidade despendida, isto é, consumida ou investida. A longo prazo, porém, o consumo da mais-valia, em princípio, cai proporcionalmente, por motivos amplamente conhecidos da teoria econômica marxista e keynesiana (cf. capítulo 2). O investimento marginal, por sua vez, à proporção que o capital aumenta com o processo acumulativo, diminui em rentabilidade por razões também amplamente conhecidas das teorias marxista e keynesiana (cf. capítulo 2), o que torna cada vez menos atrativos novos investimentos. Gera-se, assim, insuficiência de demanda, o que aumenta o desequilíbrio entre oferta e procura e acarreta *irrealização* do produto. No modelo marxista, trata-se de um mal congênito, cujas crises o sistema capitalista só superará se agravar o próprio mal, mediante o aumento da composição orgânica do capital. Daí a importância do comércio exterior, com o qual se procura compensar a insuficiência do mercado interno para a realização do produto e crescimento da economia; mas o comércio exterior caminha para a saturação à medida que todos os países adotam idêntica solução, ao mesmo tempo em que adotam medidas protecionistas ou restritivas em geral.

Conforme a história revela, a linearidade que sugere o raciocínio de Marx não se espelhou no curso dos fatos. Tal como Marx identificou, na teorização das crises decorrentes da queda na taxa de lucros, seis causas que obstruem e anulam a lei, deixando-lhe meramente o caráter de uma tendência, outras tantas causas foram por ele próprio reconhecidas no caso das crises originárias do subconsumo, como por exemplo o surgimento de novas indústrias, o investimento mal-sucedido; o crescimento populacional; o consumo improdutivo e os gastos do Estado. Fugirá aos propósitos do presente livro detalhar cada uma das causas que contrabalançam a queda de taxa de lucros e a *irrealização* do produto, o que já está amplamente documentado na literatura econômica. Será útil e relevante ao entendimento da atualidade da contradição fundamental, contudo, pôr em discussão três fenômenos inerentes à moderna sociedade industrial relacionados com o paradoxo proposto por Marx, quais sejam: a inflação, o consumo improdutivo e o transnacionalismo, os quais são caracterizados de modo pouco objetivo pela economia ortodoxa.

A inflação, da mesma forma que, por um determinado conjunto de fatores, está ligada aos períodos de expansão do produto, por outro conjunto de fatores está relacionada à tendência do capitalismo à *não-realização* do produto. A inflação pode surgir então, nesse contexto, a partir, por exemplo, de uma elevação dos salários nominais em atendimento de reivindicação da massa de assalariados que vê corroído seu poder aquisitivo pela dinâmica acumuladora capitalista. No primeiro momento, essa elevação representa uma diminuição da mais-valia; diminuição que tonificará a demanda e fará com que esta absorva a produção. A perda de mais-valia pelo aparelho produtivo é, contudo, de caráter temporário. Pelo mecanismo de preços, o aparelho produtivo recuperará os níveis anteriores de mais-valia. Mas, se o aumento de preços se der tão-somente na mesma proporção do aumento de salários, não haverá ampliação da massa de mais-valia, apenas sua recuperação. É preciso, pois, que o aumento de preços ocorra em proporção superior ao aumento de salários para que haja tal ampliação. Em conseqüência, porém, agravar-se-á a insuficiência de poder aquisitivo, o que dará margem a novo aumento de salários. O processo continua em escala crescente, e é conhecido na teoria econômica como "espiral inflacionária". É fácil de entender, portanto, o fato de a espiral inflacionária poder ocorrer num contexto em que os investimentos não se estejam expandindo a taxas satisfatórias – caso em que a redução do poder aquisitivo das massas pelo processo de extração da mais-valia pode ser atenuada pela grande procura de mão-de-obra, o que, de um lado, refreia a queda dos salários reais e de outro, aumenta o número de consumidores pela expansão do emprego, exprimindo, assim, uma relação causal em direção inversa à descrita pela curva de Philips, ou seja, gerando inflação e desemprego simultaneamente. Esse modelo representa uma espécie de *estagflação*, isto é, a existência de inflação historicamente desproporcional a um pequeno ou nenhum crescimento do produto. Vê-se, portanto, que tanto pode haver estímulo à inflação num contexto de recessão quanto num contexto de expansão. Na hipótese da recessão, pela necessidade de revitalizar-se artificialmente a demanda, o que é depois corrigido pelo crescimento de preços; na hipótese de expansão, pelo estímulo realmente dado à demanda por meio da inflação de custos, já que o impulso básico surge no mercado de trabalho. O capitalismo, assim, também em situação recessiva não poderia dispensar a inflação, pois ela é, nesse caso, uma gangorra em que jogam o poder aquisitivo das massas e a capacidade investidora do aparelho produtivo, demanda e acumulação – fazendo que haja, portanto, uma reatroalimentação positiva entre ambos –, por meio da espiral inflacionária. O capitalista procura, assim, *realizar* a mais-valia pela própria inflação, o que seria, em essência, uma tentativa de acomodação de um conflito distributivo; os aumentos periódicos de salários reais e o subseqüente aumento nos preços seriam um modo de recuperarem-se, alternadamente, a capacidade de demanda e, portanto, de realização da mais-valia, e a intensificação do ritmo de acumulação.

O consumo improdutivo, por sua vez, surge e cresce com a própria acumulação, na medida em que, conforme foi visto no capítulo 1, o capitalismo em estágio avançado procura superar sua desproporção entre oferta e demanda pelo aumento das atividades circulatórias e administrativas, gerando, assim, um consumo *improdutivo*, que é aquele do fator trabalho empregado nessas atividades. Com o processo acumulativo, tal consumo passa a representar proporções cada vez maiores da demanda total, revestindo-se da característica de atividade rentável. Sendo rentável, passa a competir por fatores de produção, deslocando-se de setores tradicionais. A tendência é então que ocorra escassez, aumento de preços e desemprego, este último derivado do fato de o consumo improdutivo, por ser consumo sem contrapartida de produção, resultar em estagnação econômica. Se os fatores destinados a atender o consumo improdutivo são tomados dos setores menos vitais, poderá neles haver desativação pura e simples, o que gerará desemprego. Vê-se, outra vez, que uma inflação de demanda oriunda do crescimento do consumo improdutivo poderá coincidir com um aumento da taxa de desemprego – o que novamente contraria a curva de Philips – e com a estagnação econômica.

No gráfico III, em que $s_t - s'_t$ representa o investimento improdutivo, isto é, aquele em atividades circulatórias e administrativas, vê-se que tais investimentos liberam poder aquisitivo, representado pelo segmento C_q, sem a necessária contrapartida de produção, o que se evidencia pelo deslocamento da escala da acumulação OA do ponto B para o ponto C. Com o processo acumulativo, essa disparidade vai aumentando. ABCD representa, portanto, a um só tempo, um hiato inflacionário e um hiato recessivo causado pelo deslocamento da escala de acumulação de BA para

CD. O gráfico ilustra, portanto, como o investimento improdutivo reduz o ritmo de acumulação ao mesmo tempo em que sua contrapartida, o consumo improdutivo, causa pressões inflacionárias, gerando, assim, *estagflação*.

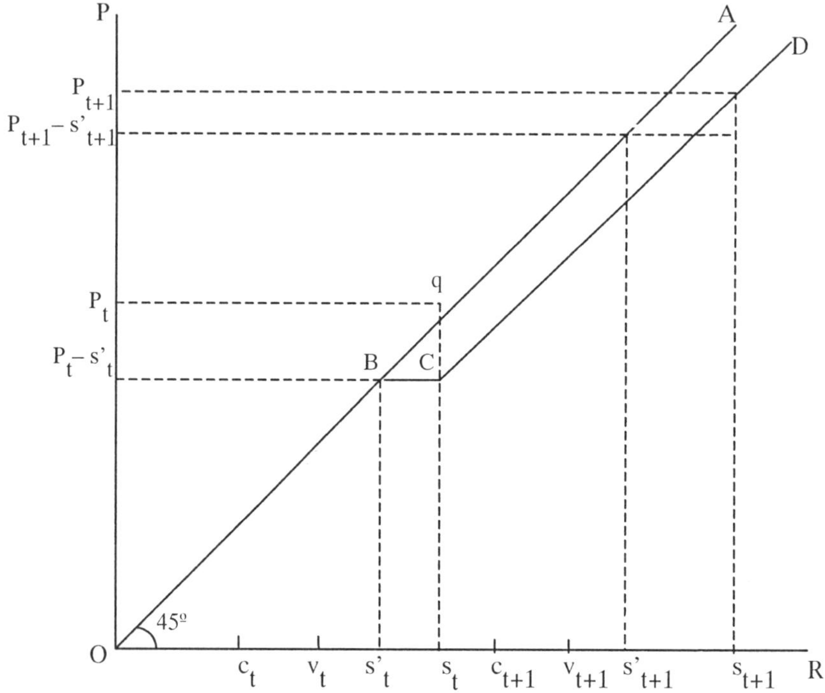

GRÁFICO III

Como moderna válvula de escape para a "contradição fundamental", tanto para os países desenvolvidos como para os em desenvolvimento de base capitalista, está a evolução de uma economia transnacional por meio das corporações multinacionais. Com ela, os primeiros encontram uma canal para a aplicação de capitais ociosos – evitando com isso a tendência à queda da taxa de lucros e à insuficiência da demanda por meio da incorporação de novos mercados –, e os segundos procuram superar a escassez absoluta de capital. Em ambos, pois, o transnacionalismo exerce uma função estabilizadora: nos primeiros, ao permitir a continuidade do fluxo acumulatório nos moldes capitalistas; nos segundos, ao possibilitar a sua continuidade como países de economia de mercado, ao assegurar taxas de crescimento econômico muito além das possibilidades do capital local e mais compatíveis com as taxas de crescimento demográfico, com a oferta de mão-de-obra e com as aspirações das massas. A empresa multinacional não representa, entretanto, uma solução isenta de controvérsia. Tanto nos países-sedes como nos recipiendários, as relações com o estado-nação são ambíguas. Naqueles existe uma vasta gama de pressões – partidas do governo e de sindicatos sobretudo – contra a evasão de capitais e de tecnologia, contra o desemprego, contra a diminuição das exportações, contra agentes causadores de recessão. Do outro lado, receios de perda ou diminuição de soberania, preço inevitável que os países em desenvolvimento pagam pelo desejo de recorrer às multinacionais e sua complementação da poupança interna para manter-se no sistema de economia de mercado, já que, em assim procedendo, descaracterizam-se como economias nacionais. Destarte, a única maneira de um país retardatário manter-se em regime de mercado é ceder parte de sua soberania econômica, ao mesmo tempo em que procure afirmar seu nacionalismo, defenda o preço de seus produtos de exportação, combata a ingerência, adquira auto-suficiência, etc. Outros preços serão a evasão de capitais, os choques culturais, os conflitos políticos e ecológicos. Disso tudo, configurar-se-á ainda, e sobretudo, uma grande incógnita: prevalecerão na economia transnacional seus aspectos descentralizadores, ou, inversamente, suas tendências centralizadoras? Obrará ela para que, com a produção, o capital se internacionalize ao diminuir a concentração industrial e tecnológica em nível mundial, integrando, para tanto, em bases menos iníquas a economia capitalista internacional?; ou tal não se fará sem uma correspondente concentração de renda em favor dos países exportadores de capital e tecnologia, numa nova versão do processo neocolonialista, agravando, com isso, a "contradição fundamental"? O capital efetivamente emigrará de seu *habitat*, abrindo, para tanto, espaço para uma nova ordem econômica internacional, cuja norma seja a gradativa eliminação das disparidades regionais?, ou constituirá uma nova ordem em que o centro decisório passarão; a ser as poucas dezenas de gigantescas corporações que, teme-se, controlarão a produção internacioanalizada?

Tem-se aí um desdobramento da análise marxista da "contradição fundamental" na interpretação de fenômenos do moderno capitalismo. O marxismo proclama, hoje como ontem, a incapacidade de o capitalismo superar tal contradição. O capitalismo, na verdade, tem buscado soluções tendentes mais propriamente a contemporizar com a questão do que a solucioná-la, conquanto ela, aqui e acolá, persista em colocar-se impertinentemente em meio ao desenvolvimento capitalista. Konstantin Zarodov, a tal propósito, registra:

> ...os adversários ideológicos do socialismo estão recorrendo a vários subterfúgios de modo que ocultem ou distorçam o sentido real dos problemas centrais dos tempos modernos. Em lugar de elaborarem uma análise científica, de classe, engajam-se em exercícios escolásticos, com critérios arbitrariamente selecionados, freqüentemente secundários, e assim procuram perverter o significado das principais tendências de hoje, ocultar debaixo do tapete o pó do capitalismo e prever para ele um futuro ensolarado.[6]

Nos países em desenvolvimento, além da contradição fundamental, ocorre o fato de o produto, em números absolutos, ser em geral insuficiente para os elevados contingentes populacionais, o que se reflete nos baixos índices de renda *per capita* e na existência de bolsões de miséria. Soma-se, assim, nesses países, ao problema distributivo, uma insuficiência absoluta do produto. Costuma neles haver uma luta contra o tempo, na medida em que a redução do poder aquisitivo das massas para a ampliação da mais-valia acumuladora é estimulada pela ação governamental, ação que espera, como retorno, um crescimento do produto a passos largos que recompense a massa assalariada de sua privação antes que esta dê origem a posições contestatórias absolutamente incontroláveis.

---

[6] K. Zarodov, *Leninism and contemporary problems of the transition from capitalism to socialism*, traduzido do russo por David Skivirsky, Moscou, Progress Publishers, 1976, p. 54.

Nos países desenvolvidos, ao contrário, níveis mais altos de renda permitem maior acomodação social. Em alguns, ainda que prevaleçam marcadas desigualdades de renda, esta é suficientemente grande a ponto de possibilitar a cada classe fatias maiores em tamanho absoluto do que aquela que lhes corresponderia nos países em desenvolvimento; em outros, a renda é suficientemente grande a ponto de ensejar concessões aos assalariados, as quais revigorem a demanda e não afetem o ritmo de acumulação. Nos desenvolvidos o desemprego é menor se nesse conceito incluir-se o de subemprego ou desemprego disfarçado, levando-se ainda em conta o seguro-desemprego; a convivência entre capital e trabalho é mais amadurecida como resultado do processo histórico. Esse quadro, contudo, não reflete uma conquista definitiva do capitalismo; depende, primariamente, da própria capacidade de expansão do sistema, a qual, quando refreada, pode dar margem a soluções centrífugas, como a perda do poder, na Suécia, dos social-democratas, em 1976; do Partido Trabalhista no Reino Unido para Thatcher, em 1979; e, na França, a perda do poder da coligação UDF-RPR, em 1981. Em segundo lugar, tal quadro repousa sobre um sistema de relações econômicas internacionais caracterizado por termos de intercâmbio comercial prejudiciais aos países do Terceiro Mundo, sistema que no passado se fundamentava no colonialismo e no imperialismo, e, no presente, fundamenta-se no protecionismo, na persistência da divisão internacional do trabalho, no transnacionalismo econômico, e constitui um processo descrito por Lenin como "exportação de revolução",[7] ou seja, acomodação social nos países desenvolvidos à custa de instabilidade social nos países periféricos do sistema. Prova disso está em que parte da estratégia marxista anticapitalista no Terceiro Mundo consistiu, desde Lenin, na chamada luta contra o neocolonialismo ou em favor

[7] Lenin, em seu livro, *Imperialismo, o último estágio do capitalismo*, cita Cecil Rhodes: "...de modo a salvar os 40.000.000 de habitantes do Reino Unido de uma guerra civil sangrenta nós, estadistas coloniais, devemos adquirir novas terras para instalar a população excedente, para prover de novos mercados os bens produzidos nas fábricas e minas. O Império, como eu sempre disse, é uma questão de pão e manteiga. Se você quer evitar a guerra civil, você deve tornar-se imperialista". *Imperialism the highest stage of capitalism*, Pequim, Foreign Languages Press, 1975, pp. 93-94.

dos movimentos de liberação nacional, cujo objetivo é a asfixia do sistema capitalista por meio da desestabilização das relações entre a periferia e o centro. São bem presentes os efeitos no capitalismo da constante valorização dos preços do petróleo desde 1973, o que fez com que, em 1980, o déficit do balanço de pagamento dos países desenvolvidos fosse estimado em cerca de 50 bilhões de dólares.

As conseqüências sociais, políticas e econômicas da "contradição fundamental" sofrem o efeito de um expoente de magnitude cada vez maior: o século XX é um século de massas e de reivindicações sociais, da mesma forma que os séculos XVIII e XIX foram do indivíduo e de aspirações liberais. No presente centênio, a pressão das massas atua no sentido de instituir, consolidar ou ampliar as conquistas sociais cuja construção teórica foi iniciada no último, da mesma forma que no século XIX se procurou avançar na conquista dos ideais democrata-burgueses herdados dos séculos XVII e XVIII, especialmente da Revolução Francesa e da Guerra de Independência dos Estados Unidos da América. O crescimento das massas transformou rapidamente as estruturas, seja nas universidades, que se voltam para elas por meio da massificação do ensino; seja no desenvolvimento da comunicação social – os chamados *mass media*; seja no populismo, que é a massificação da política; seja na massificação econômica, a substituir qualidade por quantidade, o que se observa nos mais variados setores da atividade econômica. Não quererá tal ordem de idéias demarcar duas etapas distintas: a da legitimação dos direitos do indivíduo, adstrita ao século XIX, e o atendimento das reivindicações sociais a partir do século XX. Na verdade, entrou-se na era das massas sem jamais ter havido um completo e integral reconhecimento dos direitos do indivíduo, o que confere a ambas as questões, a individual e a social, uma dimensão muito mais ampla do que já possui cada uma *per se*. Universos diferentes embora, um passou a ser condicionante do outro. As pressões mais intensas, contudo, no século XX, são em favor das soluções sociais, o que é resultante, sobretudo, do fenômeno avassalador que foi o aumento populacional ocorrido no mundo nos últimos cem anos.

No século XX, século de massas e de massificação, de exigências sociais, o capitalismo industrial forceja por levar adiante seu modo de produção, o qual se fundamenta na propriedade individual e na livre iniciativa, e usa, com algum remendo, a mesma vestimenta, tecida das idéias liberais, com que emergiu do século XVIII. Em outros termos, num século de clamores sociais, o capitalismo segue agitando a antiga e não menos honrosa bandeira das liberdades fundamentais do homem, embora a incapacidade do sistema de solucionar satisfatoriamente os conflitos sociais muitas vezes não lhe deixe alternativa senão a de arrancar dos ares seu pendão liberal em atitude de autopreservação, com o sacrifício ao direito de propriedade e de livre iniciativa, que lhe são caros, de todos os demais direitos relativos à liberdade do homem. Na verdade, o capitalismo não é só carente de uma ideologia social, é carente também de uma ideologia, já que é, em essência, um meio de acumulação e apropriação. O capitalismo e os ideais liberais não são uma peça inconsútil, embora aquele estivesse na base das liberdades democrata-burguesas consagradas pela Revolução de 1781. A verdadeira ideologia do capitalismo, se existe, já não é, portanto, o liberalismo, é, sim, o pensamento econômico ortodoxo. Esse divórcio é mais sensível nos países em desenvolvimento, onde se cava abismo cada vez mais fundo entre capitalismo e democracia, na medida em que a conservação de um demanda a supressão da outra.

Entretanto, em meio a um século de massas, contestado por um sistema econômico calcado numa doutrina eminentemente social, o capitalismo vê-se coagido a incorporar variáveis sociais, a reavaliar-se, a adquirir uma consciência global, desenclausurando-se da pura mecânica acumulativa e apropriativa, a simultaneamente posicionar-se diante do Estado, do indivíduo e da sociedade, em suma, a diversificar valores em busca de soluções para os problemas por ele próprio causados ou que ele ainda não se empenhou em solucionar. É nesse sentido que uma compreensão da dialética de seu próprio desenvolvimento poderia evidenciar, para o capitalismo, a indissolubilidade entre sua transformação e a preservação dos valores liberais que lhe estão associados, criando uma dinâmica reformista própria, sistematizada, e não casuística, como vem ocorrendo até o presente, em direção a um conjunto de objetivos compatíveis e predeterminados, ora se antecipando ao fato social, ora o condicionando. Em termos práticos, isso equivaleria, por exemplo, a subpor a questão da propriedade privada ao alcance social de seu uso, a encarar o monopólio não como o resultado de uma ausência de competição ou de um processo consumado de competição, mas essencialmente do ângulo do seu custo social, do diferencial de preços e do estorvo do aumento da capacidade produtiva do sistema; a ver a livre iniciativa como um dos astros na constelação das liberdades humanas e não o esteio delas.

Da aparente inabilidade do capitalismo em entender sua "contradição fundamental" como tal, bem como suas conseqüências de curto, médio e longo prazos, decorre a síndrome que os adversários do sistema costumam apontar-lhe: exploração dos assalariados; procura inconseqüente do lucro; condução a uma extrema desigualdade de rendas; prevalência da desordem, entendida como ausência de planificação e presença permanente do risco de crises; crescimento pelo crescimento; realização de investimentos em função primordial do lucro, e não das necessidades sociais; subordinação da sociedade à economia, em vez de subordinação da economia à sociedade. Inverter essa relação causal, no sentido de atribuir a contradição fundamental às motivações puramente egoístas do capitalismo, e não o contrário, surtiria, em primeiro lugar, uma conotação maniqueísta, porquanto o egoísmo não ser apanágio do capitalismo, mas inerente à condição humana, sob qualquer sistema e em qualquer época; em segundo lugar, consistiria em um condicionar o objetivo ao subjetivo e, em terceiro, consistiria em um resvalar para o impossibilismo, o que não se revestiria, portanto, de qualquer aspecto construtivo.

As conseqüências políticas, econômicas e sociais da "contradição fundamental" sofrem ainda o efeito amplificador de outro expoente: a inexistência, no capitalismo, de uma consciência de classe. O universo burguês é marcado pela competição e pela diversidade – o que impede a formação de tal consciência –; só não o é quando a propriedade privada sofre ameaça iminente. No mais, em se tratando de um grupo seletivo em função de afinidades e interesses, a competição no capitalismo se estabelece nos próprios círculos de cooperação e de convívio. Os capitalistas voltam-se, sempre, para novas realizações pessoais, esquecendo-se do impacto que, como um todo, provocam no sistema. Por isso mesmo, o sistema é por eles encarado como tal, como uma estrutura; é antes opaco a seus olhos, o que impede um controle do sistema pelo controle integrado de todas as suas variáveis, o que impede, em outras palavras, a *racionalização* do sistema. Bastante a propósito seria aqui lembrar Schumpeter,[8] para quem o capitalismo estava condenado ao desaparecimento em função da própria competição. Não porque fosse ineficiente, mas porque autofágico: a concentração de capital acarreta a expropriação da burguesia pela burguesia, depois, o tecnocrata substitui-se ao empresário tornando-o ausente do processo tecnológico; afinal a rotinização da atividade econômica provoca a substituição do tecnocrata pelo trabalho administrativo corrente; a gradual obsolescência da figura do capitalista cria uma atmosfera de hostilidade para com o capitalismo remanente, a qual abre espaço para o socialismo. Para Veblen, a substituição do "capitão da indústria" pelo "capitão das finanças", também por força da competição, viria a ferir gravemente o capitalismo, levando-o à perda de eficiência e de racionalidade, uma vez que atuaria aí a falta de conhecimento daqueles que nesse momento controlassem a produção, deixando-a, portanto, aquém da combinação ótima de fatores. Veblen criticava na indústria gerida pelo capitalista financeiro a

> ...escolha pouco confiável e cega dos métodos e do pessoal e, conseqüentemente, criticava uma incompetência imposta à administração da indústrias, uma baixa da produção para aquém das necessidades da comunidade, das capacidades produtivas e daquilo que um controle inteligente da produção teria tornado comercialmente rentável.[9]

O capítulo 7 retomará o argumento da "contradição fundamental", inserindo-o num contexto histórico, e procurará mostrar como tal argumento condicionou a própria evolução do capitalismo.

---

[8] J. Schumpeter, *Capitalism, socialism and democracy*, Nova York e Londres, Harper & Brothers Publishers, 1942, caps. XII e XIII.

[9] T. Veblen, *Les ingénieurs et le capitalisme*, Paris, Londres e Nova York, Gordon & Breach, 1971, traduzido de The engineers and the Price system, Nova York, Viking Press, 1948, p. 38.

Capítulo 6

O marxismo em crise

Assim como o capitalismo, o socialismo marxista sofre pressões internas no sentido de mudança, que são de crescente intensidade e adquirem expressão cada vez maior como vetor de dinâmica social, econômica e política no mundo contemporâneo. Tal instabilidade mantém acesa a discussão em torno de o socialismo marxista corresponder, deterministicamente, ao sistema no qual desemboca o capitalismo ou a um sistema que, surgido da contestação do capitalismo e dos males por ele causados, é uma formação histórica alternativa cuja evolução está ainda a ocorrer, na qual se destacam, como fonte de motricidade numa estrutura coletivista, as reivindicações liberalizantes a implicar reabilitação lenta e parcial dos valores liberais que submergiram na nova ordem.

Não que o marxismo histórico tivesse deixado de contemplar valores liberais e humanísticos. Muito ao contrário, são eles os fins últimos do marxismo, previstos para ser alcançados com o advento do comunismo: a doutrina marxista-leninista ensina que à derrubada da burguesia se segue um período de transição, o socialismo, no qual se consolidam as novas relações de produção; tal período é também o da superação da escassez; nele se distribui "a cada um conforme seu trabalho";[1] é a fase da ditadura do proletariado; o Estado, que o marxismo vê como instrumento de opressão da classe dominante, é, nesse contexto, o instrumento pelo qual a ditadura

[1] V. I. Lenin, *Collected works*, Londres, Lawrence & Wishart, 1972, v. 24, p. 85.

do proletariado transforma a sociedade; ao socialismo sucede o comunismo, caracterizado pela abundância, e no qual se dá "a cada um conforme suas necessidades";[2] o estado desaparece, para dar lugar a uma sociedade anárquica, fruto da inexistência de classes. Tais propósitos finais do marxismo histórico, contudo, não estão dando mostras de emergir de uma evolução programada das sociedades marxistas em direção ao estágio superior e final que lhe prescreve a doutrina, mas, antes, estão presentes, dentro daquelas sociedades, no questionamento que se faz do marxismo oficial, e na correção de rumo que se lhe está a exigir. Dir-se-ia que, diante da perplexidade, nas sociedades em que o marxismo é a ideologia dominante, em torno de si estão elas evoluindo em direção àqueles fins, em sincronia com a evolução da base material, uma inquietação liberal vem ganhando impulso, a qual, no afã de abrir espaço para o próprio comunismo, está a pressionar por medidas liberalizantes que não decorrem, portanto, do amadurecimento do comunismo, mas de uma contestação dos métodos e da duração daquilo que, mesmo de modo não ortodoxo, é declaradamente uma fase de transição do capitalismo para o comunismo. Assim, as pressões internas não pretendem, conscientemente ao menos, a abolição do marxismo, mas um reencontro deste com seus valores históricos, genuinamente doutrinários. Pelo menos por enquanto, tais pressões não produziram modificações substanciais nos sistemas sobre os quais atuam. Onde as houve, foram introduzidas pelo próprio estado, como o socialismo autogestionário iugoslavo ou o modelo húngaro.

Uma dificuldade que naturalmente se impõe ao estudo e à avaliação do desempenho do socialismo marxista e do comunismo, quer encarados como estágios subseqüentes ao capitalismo, quer como sistemas alternativos, é a diferença de percursos históricos existentes. Enquanto o capitalismo já tem completos mais de duzentos anos de história, somente em sua versão industrial e financeira, o segundo nem sequer atingiu setenta, menoridade que tem sido invocada em sua defesa. Na verdade, o maior desenvolvimento histórico do capitalismo permitiu um conhecimento mais

---

2 *Idem, ibidem*, p. 85.

profundo de sua natureza e de sua dialética, uma percepção mais clara de suas contradições. Ainda assim, bem menos científico do que ombrear dois sistemas de idades diferentes será contrapor ao capitalismo, como sistema real, o comunismo, como, sistema ideal. Já que é preciso valer-se de um denominador comum, maior utilidade terão, para os propósitos de um ensaio que pretende isolar elementos determinantes da sociedade industrial e prospectar sua realidade futura a partir da evolução desses elementos, setenta anos de marxismo oficial do que quase século e meio de marxismo teórico. De resto, quando Marx publicou, em 1848, o *Manifesto comunista*, tinha o capitalismo industrial a mesma menoridade que hoje tem o marxismo, e nem por isso foi isento de responsabilidade criminal. A despeito, portanto, de não se dispor, no caso do marxismo, de um acervo histórico comparável ao do capitalismo, a Revolução de 1917 e as congêneres que se lhe seguiram têm apresentado uma linha evolutiva que permite algumas formulações.

Marx considerava que a derrubada da burguesia e a posterior fase de construção do comunismo eliminariam o impasse capitalista entre a socialização da produção e o caráter privado da propriedade, e abririam, com isso, caminho para o advento de uma sociedade sem classes. A abolição da propriedade privada provou, contudo, ser ineficiente para assegurar a existência de uma sociedade sem antagonismo. A dialética da luta de classes, que uma vez serviu ao marxismo, dele se separou, assim como o capitalismo se distanciou do pensamento liberal em que em certo momento se sustentou. Novas teses, novas antíteses e novas sínteses continuam a abrir caminho através dos tempos, tecendo, assim, o fio da história. O conflito de classes, até então atribuído ao capitalismo, como os de natureza política, não cedeu com o socialismo, apenas mudou de figurantes e de situações. De outra coisa não decorre, nas sociedades marxistas, o choque de posições e interesses da burocracia, da oligarquia e do povo, do proletariado e do campesinato, do *establishment* e dos dissidentes de toda sorte, dos próprios países marxistas entre si, destes e dos partidos comunistas da Europa Ocidental, do marxismo do tipo soviético e do iugoslavo, do albanês e do chinês. A evolução dialética da realidade social marxista posterior a 1917 deu ao marxismo, pois, um caráter dessemelhante do que lhe forjou Marx e mesmo Lenin. Operaram no marxismo positivado, ou seja, convertido em ideologia oficial, transformações estruturais que o tornaram um sistema distinto do modelo original, assim como o capitalismo de hoje é estruturalmente distinto do do século XIX.

O Estado soviético moderno, como o búlgaro e o alemão oriental, entre outros, não reflete bem, pois, estruturalmente, o marxismo-leninismo. Se a intenção de Marx foi institucionalizar a ditadura do proletariado, e, a de Lenin, salvá-la, ainda que lançando o embrião do estatismo, à medida que o partido se superpunha às massas na gestão da sociedade; a de Stálin outra não foi senão a de fazer desmoronar aquele ideal bolchevista: disposto a promover a modernização de um país atrasado, pôs a um canto os pruridos doutrinários do bolchevismo histórico, subverteu a base ideológica e teórica do sistema e não vacilou em se apoiar na burocracia e no centralismo estatal como fatores decisivos para operar a própria modernização. Como resultante desse processo, nasceu um sistema político totalitário, como se ao marxismo-leninismo se houvesse imposto uma nova ordem. O partido passou a ser a expressão do poder da burocracia, espraiando-se por todos os aspectos da vida social. Nas sociedades marxistas, a burocracia é, pois, o estrato socialmente dominante, por meio da qual a elite exerce as funções governamentais e o controle político. O centralismo burocrático e o estatismo – legado estalinista – contrapõem-se à ditadura do proletariado e ao socialismo saídos da forja de Marx e Engels.

Assim como o capitalismo, o marxismo tem, portanto, uma "contradição fundamental", que consiste na socialização da produção, de um lado, e no controle estatal dos meios de produção, de outro, o que resulta em dessintonia entre as propriedades e aspirações do proletariado e aquelas da burocracia que exerce a ditadura do proletariado em seu nome, e em seu nome controla os meios de produção. Se tal contradição não faz que, como no capitalismo, a redução do poder aquisitivo absoluto das massas seja um requisito da acumulação, faz que uma redução de seu poder de consumo relativo, em face da própria acumulação, seja um requisito do domínio da burocracia, conforme se discutirá.

Em razão de tal divórcio entre doutrina e práxis, os detratores do marxismo procuram fazer valer o fato de este, reconhecendo-se ou não sua cientificidade na análise crítica do capitalismo, ser utópico em relação ao homem e à nova sociedade que projetou. Os defensores mantêm a tese de que a dicotomia entre o marxismo oficial e o histórico ou é característica, ainda que não ortodoxa, de um período de transição do capitalismo para o comunismo, ou, na pior das hipóteses, deve ser debitada à conta das ações circunstanciais, pragmáticas ou personalistas dos homens, e não às idéias de Marx e Engels. De permeio, coloca-se a questão de saber se o marxismo poderia efetivamente ter sido posto em prática sem as distorções que se produziram. Se não pudesse, haveria que se fazer concessões ao marxismo conforme positivado – diriam os marxistas; mas, então, o marxismo é uma utopia – dirão os antimarxistas. Se pudesse, os marxistas históricos afirmariam que aquilo que se estava procurando implantar não era marxismo, mas estatismo, burocratismo, etc., os pragmáticos pediriam moratória, alegando, para tanto, que os fins justificam os meios; e os antimarxistas perguntariam implacavelmente por que o marxismo oficial se afastava cada vez mais do histórico. Infelizmente, Marx não poderia ter vivido o bastante para que se conhecesse seu juízo sobre os sistemas que floresceram de sua doutrina.

A discussão comporta um parêntese para lembrar que, além das distorções verificadas entre o discurso e a práxis marxista, existem alguns paradoxos dentro da própria doutrina, dos quais Raymond Aron fornece exemplos como este:

> Se o proletariado se define como a classe explorada, a partir do dia em que o proletariado estiver no poder, por definição não será mais proletariado (...). Por outro lado, a classe é definida pela propriedade dos meios de produção. Quando não há mais propriedade privada dos meios de produção, por definição não pode haver mais classes. Mas se não há mais classes, por que não há mais propriedades privadas dos meios de produção, a que responde a ditadura do proletariado?[3]

Outros exemplos poderiam ser lembrados, como por exemplo o de que, embora afirmada a inexorabilidade das leis da história, o mar-

[3] R. Aron, *Démocratie et totalitarisme*, Paris, Gallimard, 1965.

xismo apela aos homens para que delas tomem conhecimento, a fim de que sejam aplicadas.

O estalinismo *d'époque* não representou, necessariamente, uma contradição fundamental de efeitos análogos aos que Marx distinguiu no capitalismo, mas tão-somente uma contradição, já que Marx não previu o centralismo burocrático. Mas ainda assim reforçava realisticamente a interpretação econômica da história de Marx e a relação que essa teoria estabelece entre infra-estrutura, estrutura e superestrutura, pois o estatismo estalinista, como relação de produção ou estrutura, correspondia, na infra-estrutura, à necessidade de por todos os meios e no mais breve prazo consolidar-se a base industrial, promover-se acumulação e atingir-se o estágio de desenvolvimento econômico, o que estabelecia uma velocidade de ação incompatível com o difuso controle dos bens de produção pelas massas e, por extensão, com a ditadura do proletariado. Ora, assim como à propriedade privada dos meios de produção corresponde, na superestrutura, o domínio político da burguesia, e à ainda hipotética propriedade social dos meios de produção corresponde o domínio da sociedade, ao controle estatal corresponde o domínio da burocracia. Não procederiam, nessa linha de raciocínio, pontos de vista como o de Massimo Salvadori, professor em Turim, que divisa uma falta de correspondência, na sociedade soviética, "entre a estrutura, fundamentalmente sadia e a superestrutura afetada por degenerações insanáveis".[4] Há, isto sim, uma perfeita correspondência entre ambas na medida em que a propriedade estatizada engendra um poder político igualmente estatizado, como o da burocracia. Evidenciam-se, por outro lado, dois importantes fatos. Primeiro, o estatismo corresponde, nos países marxistas, a um estágio necessário de transição do capitalismo para o comunismo, decorrente, em última análise, da prematuridade com que se aboliu o sistema de propriedade privada *vis-à-vis* do próprio marxismo teórico, o qual previa a eclosão das revoluções proletárias nos países de maior desenvolvimento capitalista, onde mais desenvolvidas fossem as forças produtivas. Se-

[4] M. L. Salvadori, *Eurocomunismo e socialismo soviético*, Turim, Giulio Einaudi Editore s.p.a., 1978, p. 114.

gundo, é o controle, e não a propriedade privada dos meios de produção, que determina a classe politicamente dominante.

É nos dias atuais que o estalinismo se converte na origem da contradição fundamental. É a permanência do estalinismo, após a superação do *take-off* acumulativo, do desnivelamento básico entre as sociedades marxistas e as capitalistas, a fonte da contradição. Mais exatamente, é a permanência pela permanência que arrefece o ímpeto transformador do marxismo, cria um abismo entre estado e sociedade – quando do primeiro se esperava um gradual esmaecimento em favor da segunda –, e confere ao estado marxista um caráter reacionário em termos do próprio marxismo. Santiago Carrillo aponta:

> ...não estamos, ainda, na União Soviética, na primeira fase prevista por Marx e Engels. Estamos numa fase em que, depois de ter se realizado a acumulação, continua-se a impor muito sacrifício ao povo pelo armamento do país. Mantêm-se as características particulares de um sistema que não é uma democracia popular, uma ditadura proletária, mas uma ditadura de um estrato do país sobre o conjunto do país.[5]

A "contradição fundamental" é a gênese de outras contradições não menos importantes: a remanência de uma estrutura de classes; o conseqüente reforço do estado; a história do partido e do regime revelando a ação de alguns homens sobre as forças objetivas, apesar de a doutrina proclamar o determinismo econômico; o socialismo, que para Marx somente poderia intervir após o desenvolvimento das forças produtivas pelo capitalismo, querendo intervir em qualquer tempo de uma determinada sociedade.

A burocracia, como elite, favorece toda a sorte de atividades que justifiquem sua conservação como classe e como elite, que reforcem sua *raison d'être* e seus privilégios, como o investimento em indústria pesada e tecnologia de ponta, a edificação do comunismo internacional, a produção de armamentos, a propaganda, a assistência a países em desenvolvimento, a aeronáutica espacial e outros mais, relacionados com os objetivos internos e externos do

---

[5] B. Valli, *Gli eurocomunisti*, Entrevistando Santiago Carrillo, Milão, Casa Editrice Valentino Bompiani & C. S. p. A., 1976, p. 126.

estado, como o crescimento, a independência econômica, o prestígio internacional. A preservação pela burocracia de seu *status* está, por sua vez, indiscutivelmente ligada a um baixo nível de renda e de vida das massas e estabelece para a economia o dilema de aumentar-se o bem-estar social ou privilegiar-se o poderio econômico e a acumulação pela acumulação. Os sovietólogos não hesitam mesmo em afirmar que o baixo padrão de vida do povo também é condição para a preservação do *status* da burocracia, porque uma sociedade economicamente desenvolvida, com outra formação educacional por exemplo, tornar-se-á mais e mais avessa a um regime político centralizado e pressionará o poder central por um número maior de opções e, conseqüentemente, por maior liberdade. Significativamente, são os operários mais jovens, com oito ou dez anos de escolaridade, contrariamente aos mais velhos ou aos de recente imigração urbana, os mais conscientes das limitações da sociedade em que vivem. Há quem sustente, porém, que esse maior liberalismo é inevitável, por força do desenvolvimento econômico: satisfeitas as necessidades prioritárias, o aumento de produção e o desenvolvimento tecnológico ajudarão as pressões sociais a elevarem a nível satisfatório a produção de bens de consumo, quando então o consumidor será necessariamente consultado sobre suas preferências. Pode-se, comparativamente, dizer que, se no capitalismo a "contradição fundamental" é econômica, decorrente da diminuição do poder aquisitivo em contraste com a expansão do produto, e tem como resultante política as síncopes – esquerdizantes ou direitizantes – no próprio liberalismo, ou então a manipulação do constitucional-pluralismo, e como resultante econômica as síncopes no processo de acumulação e o empobrecimento das massas; no comunismo a "contradição fundamental" é política, conseqüência da superposição da burocracia ao povo em nome de quem deveria governar; tem como conseqüência política o totalitarismo e como conseqüência econômica a condução do processo acumulativo conforme o interesse predominante da burocracia, a expensas do adequado desenvolvimento do consumo das massas relativamente ao valor agregado de seu trabalho.

A conseqüência política da contradição marxista é o feitio totalitarista que o estado assume, além do estado em si mesmo. O totalitarismo, mais do que instrumento estalinista de ditadura do proletariado, é instrumento de preservação de um *status quo*, o que transforma a burocracia e o próprio estado em forças reacionárias, a procurar, tal qual a burguesia no capitalismo, reprimir as mudanças sociais que são convenientemente encaradas como *retrocesso social*, portanto *revisionismo*, não como *processo* social ou *reforma*. A ação coercitiva estatal já não é *revolucionária*, no sentido de consolidar a implantação do comunismo, mas sim *reacionária*, porquanto visa a proteger os interesses de um estabelecimento contra as transformações que os demais grupos querem suscitar. Trata-se, em essência, de um conflito entre o dogmatismo estalinista e o pensamento revolucionário marxista, humanístico e criativo, o que praticamente implica o abandono da dialética, sempre e quando o modelo estalinista impede, ao estereotipar a realidade, seu desenvolvimento e sua evolução natural. Nesse contexto, o estado, corroborando a afirmação marxista de que é um instrumento de opressão da classe dominante, não se orienta no sentido do anarquismo, como postula a doutrina marxista, conquanto a literatura oficial proclame, com Zarodov, que

> Nós estamos testemunhando a realização da previsão de Lenin em abril de 1917 de que 'o socialismo inevitavelmente deve evoluir gradualmente para o comunismo, sobre o estandarte do qual está inscrito o moto de cada um conforme sua habilidade'.[6]

Se o estado ainda pode encontrar justificativas extradoutrinárias para seu fortalecimento, como a segurança externa, o partido único já não encontra justificativas para seu monopólio de poder em termos de consolidação revolucionária, de desmonte do *Ancien Régime*, mas, ao contrário, lança sobre si a suspeição de atrofia do comunismo anárquico. Ainda que Ponomarev, teórico do Partido Comunista da União Soviética, tenha definido o revisionismo como "uma tendência no movimento da classe trabalhadora a, em benefício da burguesia, procurar desembasar, emascular, destruir o marxismo por meio da revisão, isto é, por meio do reexame, distorção e negação de seus princípios básicos",[7] torna-se difícil identifi-

---

[6] K. Zarodov, *Leninism and contemporary problems of the transition from capitalism to socialism*, Moscou, Progress Publishers, p. 283.

[7] B. N. Ponomarev, *Politichesky slovar*, Moscou, Politizdat, 1958, pp. 474-475.

car o que é verdadeiramente revisionismo, tarefa que é feita, não do prisma do marxismo histórico, mas do prisma do marxismo oficial, da ótica da burocracia.

Transformado, portanto, em crença institucionalizada, o marxismo tornou-se instrumento de poder e perdeu sua pureza doutrinária – em detrimento de sua própria evolução e aperfeiçoamento – e passou a sustentar o interesse de grupos dentro do estado e o dele próprio diante de outros estados, mesmo dentro daqueles que, doutrinariamente, seriam unidos pelo fraternalismo socialista. De outra coisa não decorre, nas sociedades marxistas, a falta de liberdade e de ação política, de consciência, de imprensa, de circulação de idéias, de dispor-se da própria pessoa física e intelectualmente, enfim, de tudo o que se chama democracia e liberdade. Salvadori salienta:

> A sociedade soviética assume o caráter de uma sociedade "nova", não-capitalística e não-socialística, mas é uma sociedade que, em todo caso, conserva do capitalismo o caráter hierárquico e não-igualitário, se bem que os modos de formação e expressão das hierarquias sociais e políticas sejam diversos daqueles capitalistas. Por outro lado – e este é o aspecto decisivo mais grave – é uma sociedade à qual o poder imprime um caráter "fechado", estático, caráter que visa à conservação e a sufocar a inovação.[8]

Economicamente, a contradição fundamental em exame reflete-se, como já se colocou, na diferença de benefícios entre as distintas camadas da população, como a burocracia, o proletariado e o campesinato, bem como no choque entre os valores da própria burocracia, como o poderio e o crescimento econômico, e as aspirações das massas, que são basicamente de uma elevação dos padrões de consumo e bem-estar. Existe, assim, numa sociedade que se iguala às mais modernas em determinados setores, uma situação de penúria de bens de consumo corrente – como os produtos agrícolas de abastecimento, carnes notadamente, os de vestuário, os artigos de limpeza – que, além de serem de generalizada escassez, são caros e de qualidade inferior. A escassez no setor habitacional,

---

[8] M. L. Salvadori, *op. cit.*, p. 155.

que não acompanhou a transferência da população do campo para a cidade durante o processo de industrialização, assim como a organização dos serviços públicos, constituem dois outros problemas salientes dessas sociedades. Tal estado de coisas se deve ao sistema de distribuição que favorece a burocracia, mas se deve sobretudo à subprodução de bens de consumo, uma vez que o planejamento econômico privilegia os bens de capital e, entre eles, com especial ênfase, os que falam mais de perto à manutenção e ao prestígio da burocracia. Durante o XXVI Congresso do Partido Comunista da União Soviética, em 1981, o presidente do Conselho de Ministros, Nikolai Tikhonov, reconheceu, no relatório que apresentou ao conclave, que "o crescimento acelerado do grupo 'B' [bens de consumo] é uma questão de grande importância".[9] A solução por ele apontada, contudo, é a transformação da economia de extensiva em intensiva, por meio de mecanização qualitativa, com conseqüente aumento da produtividade e da qualidade de produção. À primeira vista, é difícil de entender como isso se poderá dar sem uma concentração ainda maior de investimento no setor A, o que retroalimentará o impasse existente entre os dois setores da economia. Além do que, o apelo ao aumento da produtividade como panacéia dos males das economias marxistas mascara a verdadeira natureza do problema, da mesma forma que o faz o axioma capitalista – freqüentemente invocado em países em desenvolvimento – de que do crescimento do produto depende sua melhor distribuição.

A situação de subconsumo – ou, mais corretamente, de subprodução que experimentam essas sociedades – é amplamente conhecida, o que dispensará maiores comentários a respeito. Sua inserção no presente trabalho não tem por objetivo demonstrar, à maneira da literatura econômica burguesa, a inviabilidade da economia de plano ou coonestar o capitalismo tal como ele é, com seu individualismo e suas iniqüidades, mas objetiva situar a crise econômica de tais sociedades num contexto dialético, identificar os reflexos políticos e econômicos das contradições que se apresentam como inerentes ao sistema, da mesma forma que no capitalis-

---

9 N. A. Tikhonov, *Principais direções do desenvolvimento econômico e social da URSS para 1981-1985 e até 1990*, Moscou, Edições da Agência de Imprensa Novosti, 1981, p. 24.

mo existem. Delas é representativo o sentimento externado pela massa trabalhadora nessas sociedades, sempre que possa fazê-lo com segurança, de modo individual ou coletivo, de que está sendo espoliada, de que se lhe está exigindo um esforço produtivo desproporcional ao que recebe do Estado em forma de salários e benefícios, e o sentimento de estar sustentando um aparato burocrático com o qual não se identifica. É, enfim, a realidade classista específica das sociedades marxistas que procura implodir o monolitismo ideológico, esteja ele sob forma de partido único, que já não acomoda tal realidade, ou do centralismo burocrático, que já não faz jus, como antes, à integral confiança da sociedade.

A "contradição fundamental" recoloca, no marxismo, a questão da mais-valia. A mais-valia não deixou de ser a base da acumulação com a conversão dessas sociedades de capitalistas em marxistas, a fonte de recursos por excelência, tal qual no capitalismo, para o investimento por meio do excedente do valor agregado pelo trabalho socializado sobre os proventos da sociedade. Em tese, a natureza econômica de mais-valia é a transferência de renda do indivíduo para a coletividade para o atingimento de objetivos sociais mediante o sacrifício de objetivos individuais. A tributação, em especial sobre as empresas e sobre a renda dos indivíduos, é o modo pelo qual o estado absorve a parcela de mais-valia, que convencionalmente lhe cabe, para o preenchimento das funções que também convencionalmente lhe incumbem. A parcela não recolhida sob a forma de tributação, descontado o consumo do capitalista ou do burocrata, serve o propósito social ao gerar recursos para a acumulação, que beneficiará a sociedade como um todo, por meio da criação de riqueza, de bens, de emprego, etc. As distorções no uso de mais-valia, as quais se verificam tanto no caso do capitalismo como no do marxismo, consistem: a) no alargamento, pela burguesia e pela burocracia, da margem destinada ao consumo pessoal; b) na escolha dos investimentos conforme interesses, não os da coletividade, mas os daquelas duas classes que controlam o processo produtivo. O ponto nevrálgico da questão social não é, somente, mais-valia em si mesma, e sim sua apropriação e destinação.

Às sociedades marxistas, que muitos consideram capitalismo de estado, aplicam-se, portanto, *mutatis mutandis*, algumas das propriedades que Marx distinguiu no desenvolvimento do capitalismo: o processo da acumulação gerador de inevitável prioridade da produção dos bens de produção sobre a produção dos bens de consumo; a correlação entre velocidade de acumulação e taxas de mais-valia, que nas sociedades marxistas têm sido historicamente muito drásticas (Santiago Carrillo afirmou que "como bem o demonstra a experiência soviética, a acumulação pode realizar-se somente por meio do imenso sofrimento das massas");[10] a mais-valia como transferência de poder aquisitivo de uma classe para outra, ou de um para outro estrato; o arbítrio na aplicação de mais-valia. Se, nessas economias de plano, não se verifica, em decorrência do processo de extração de mais-valia, insuficiência de demanda, como no capitalismo, é porque, de um lado, o subconsumo somente existe do ponto de vista do consumidor, nunca do aparelho produtivo, uma vez que a economia, em função da prioridade da acumulação, é antes orientada para a subprodução de bens de consumo; de outro lado, o investimento, por ser estatal, não se inibe diante da ausência de oportunidades rentáveis, ou seja, não se colocam aí a eficiência marginal do capital e a indução a investir keynesianas. Como a prioridade de produção de bens de capital e a ineficiência dos investimentos – esta última na medida em que não permite uma expansão da produção de bens de consumo a uma taxa considerada satisfatória pela sociedade – agravam o conflito entre burocracia e proletariado, não será de todo descabido sugerir que, como no capitalismo, possa haver nessas sociedades um *élan* imperialista como forma de resolver o conflito interno sempre que este as impulsione a procurar, no setor externo, condições para maior rentabilidade dos investimentos internos e para maior expansão do produto, com o que, tal como no capitalismo, o conflito distributivo se atenuaria mediante uma expansão absoluta do produto.

Antes de encerrar essas considerações sobre a crise no marxismo, valeria mencionar dois temas, aliás correlatos, que também vêm constituindo objeto de polêmica: o planejamento total e a produtividade. Os especialistas em desenvolvimento econômico costumam ocupar-se do alcance do planejamento integral das economias marxistas relativamente ao arranjo de livre iniciativa e

[10] B. Valli, *Gli eurocommunisti*, entrevistando Santiago Carrillo, Milão, Casa Editrice Valentino Bompiani. & C. S. p. A., p. 125.

planejamento parcial que caracteriza o capitalismo moderno. Sobre esse assunto, não há como não tributar à planificação integral marxista o *take-off* econômico, a fixação e o atingimento de objetivos básicos e prioritários e a implementação de uma estratégia eficaz de crescimento em sociedades nos quais o processo desenvolvimentista se iniciou tardiamente. As notáveis transformações operadas pela planificação na estrutura econômica das sociedades marxistas, em espaços de tempo relativamente curtos, falam a favor das virtudes dessa planificação. Schumpeter, em 1942, quinze anos depois do primeiro plano qüinqüenal soviético, afirmava categoricamente:

> Sejam quais forem os objetivos econômicos desejados por quem quer que esteja em posição de dar factibilidade a seus desejos, o gerenciamento socialista poderia atingi-los com menos incômodo e perda sem necessariamente incorrer nas desvantagens que aguardariam tentativas de planejar o progresso dentro da estrutura de instituições capitalistas.[11]

Entretanto, decorridos 54 anos daquele primeiro plano qüinqüenal, a questão que moderadamente se coloca é a de saber se a planificação e a centralização – esta última o reverso da medalha – apenas introduzem mais eficiência no sistema econômico quando se trata do estabelecimento de critérios e prioridades e de seu desdobramento prático numa fase inicial; e se, numa fase posterior de desenvolvimento econômico, pela maior complexidade de decisões que dele resulta e pela margem cada vez maior de imprevisão, o planejamento dá margem crescente à ineficiência, como se a constância do "fator" planejamento fizesse operar uma lei dos rendimentos decrescentes dos demais fatores. Em sua edição de 19 de agosto de 1980, *L'Unitá*, órgão oficial do Partido Comunista Italiano, afirmou, por meio do seu diretor, a propósito da crise polonesa, que "uma economia socialista, uma vez superada a etapa de emergência, do fechamento ou da fase heróica, não pode ser dirigida do

[11] J. Schumpeter, *Capitalism, socialism and democracy*, cap. XII e XIII, Nova York, Londres, Haper & Brothers Publishers, p. 195.

alto".[12] Tanto é que a descentralização administrativa é hoje considerada em todas as sociedades marxistas o ponto nevrálgico de qualquer tentativa de aumentar a eficiência na economia. Paralelamente, vem-se acentuando nessas sociedades uma crise de gestão que parece intimamente ligada a uma centralização de poder decisório inerente ao planejamento.

No que diz respeito à produtividade, cujo aumento é apresentado como uma panacéia para os males econômicos, a produtividade industrial, por exemplo, a da União Soviética, em 1975, revelou a pior taxa do pós-guerra (2,4%). A produtividade do trabalho aumentou apenas a metade da taxa projetada para os últimos anos da década de 1970. Como reflexo realista desse desempenho, o plano qüinqüenal soviético 1981-1985 traduz expectativas econômicas consideravelmente mais baixas que as do último plano.[13] Além da exaustão dos recursos naturais de mais eficiente extração – como o petróleo da parte européia da URSS – e a falta de eficiência nos investimentos, males como a dispersão, o desperdício, a falta de iniciativa, e o absenteísmo no trabalho são responsáveis pela baixa de produtividade que vem ocorrendo. O sistema insistiu nas responsabilidades pessoais por esses males. Em novembro de 1979, Brejnev, ao discursar durante Reunião Plenária do Comitê Estatal do PCUS,[14] acusou nominalmente vários ministros e ministérios pelos problemas sensíveis da economia, dentre os quais destacou o desperdício, a baixa produtividade e qualidade do trabalho, e vinha conclamando a burocracia econômica a um aumento do nível geral de organização e administração. A questão que aí se coloca é a de

[12] L'Unitá, edição de 19/8/1980, p. 11.

[13] Veja a seguinte tabela comparativa de aumentos percentuais:

	1980	1980	1985
	PLANO	REAL	PLANO
Renda nacional	26	20	19
Produção industrial	37	24	27
Bens de capital	40	26	27
Bens de consumo	31	21	28
Agricultura	15	9	13
Produtividade	30	17	24

[14] *Pravda*, edição de 28/11/1979.

determinar se a baixa produtividade é causa ou efeito dos problemas econômicos das sociedades marxistas. Sem dúvida, influem na produtividade as desarmonias do sistema, como insatisfação das massas com seu nível de consumo; sentimento de espoliação (que, como no capitalismo, dá ao trabalhador a consciência de que não é o beneficiário maior da produtividade); nova formação de camadas sociais, às quais se somaria certa desmotivação provocada pela ausência de incentivos à produtividade no quadro da produção estatizada, já que em toda e qualquer sociedade, seja ela marxista ou capitalista, ninguém se ocupará de aumentar a produtividade se o sistema não premiar esse aumento (no marxismo, o estado garante um mínimo de benefícios independentemente da produtividade pessoal). Há que se considerar ainda o imobilismo social dentro da estrutura de absolutismo partidário, o que não só termina por favorecer uma estrutura de poder gerontocrática, como também impede mudanças de *status*, fatores que atuam negativamente sobre a produtividade.

Capítulo 7

O reformismo capitalista

A evolução do capitalismo industrial, de seus primórdios, na segunda metade do século XVIII, até os dias atuais, é, com justeza, compartimentada por muitos estudiosos em dois nítidos períodos, dos quais a Primeira Guerra Mundial é o divisor de águas, por ter marcado o crepúsculo do capitalismo liberal. Já o século XIX, esse assistiria a uma crescente participação do estado na economia por cima dos fundamentos liberais do sistema capitalista. Não se trataria, contudo, de uma preocupação reformista, socializante, e nem sequer, como viria posteriormente a ser, após a conflagração, de uma retroalimentação negativa, no sentido de pôr em prática concessões sociais para a revitalização do sistema. A intervenção estatal, no século XIX, ia de mãos dadas com o capitalismo liberal. As primeiras leis de proteção ao trabalho, por exemplo, prendiam-se à necessidade de a burguesia angariar apoio no seio do proletariado urbano e rural a fim de impor-se politicamente e de consolidar a ascensão iniciada no século anterior, sem embargo do papel desempenhado pelas reivindicações dos operários. A intervenção devia-se também à necessidade de os Estados estimularem a expansão da empresa capitalista como pressuposto do poder nacional e como meio de conter o revolucionarismo do proletariado a partir de 1848. Derivava, ainda, mormente na segunda metade do século, já no apogeu do imperialismo, da necessidade de os Estados fortalecerem-se pelo fortalecimento da própria burguesia. Após a Primeira Guerra, emergiriam as soluções marxistas, as socialistas –

entre as quais se notabilizaria a social-democrata – assim como as neocapitalistas e as híbridas, tais como o fascismo e o nacional-socialismo. Com essas soluções, o capitalismo viria a sustentar-se apoiado numa ordem econômica internacional sucedânea do colonialismo em que se sustentou no ápice liberal. Assim foi que se diluíram, ao longo desse tempo, as contradições do capitalismo.

Presentemente, as soluções capitalistas concebidas a partir do primeiro pós-guerra dão mostras de sofrer de certa anemia, em que pese o efeito tonificante que a ordem econômica sacramentada em Bretton Woods teve por duas décadas na economia dos países capitalistas centrais e periféricos. A desafiar a continuidade dessas soluções, aí estão, *inter alia*, a insolvência de inúmeros países de Terceiro Mundo e até mesmo da clientela capitalista do Comecon, o desenvolvimento do cartel da Opep, a continuada contestação, por parte países em desenvolvimento, da ordem econômica internacional existente, e a estagflação. A crise traz à tona o fantasma das contradições capitalistas. O presente capítulo retoma, assim, o ponto focal do capítulo 5, ou seja, o de que a dinâmica do capitalismo é condicionada pela disparidade crescente entre o aumento da produção de bens e o aumento do poder aquisitivo das massas. Procura igualmente demonstrar que, em decorrência direta ou indireta da "contradição fundamental", a evolução capitalista obedece a uma dialética socializante, menos dramática nos períodos em que ocorre expansão de mercados, da mesma forma que, no capítulo 8, procurar-se-á mostrar que a evolução social nos países marxistas obedece a uma dialética liberalizante. Releva frisar que em nenhum momento tal assertiva sobre a evolução capitalista implicará concordância automática com a tese de Marx de que o capitalismo caminha em direção ao pleno socialismo, mas sim de que o capitalismo vem absorvendo elementos de socialismo. Da mesma forma, não se sustentará a idéia de uma liberalização completa do marxismo positivado, e sim a de que o marxismo positivado vem absorvendo elementos de liberalismo, por força de suas próprias contradições.

Tanto na fase da ascensão do liberalismo econômico como na de declínio, as reformas vêm a reboque dos fatos, e não *a priori*. A diferença sensível entre uma e outra época é que na primeira as reformas se deram numa fase de marcado crescimento, e dentro de um contexto político, econômico e social que sob todos os aspectos favorecia a burguesia em expansão e não implicou redistribuição de renda. A partir, porém, da Primeira Grande Guerra, as reformas foram uma reação retroalimentadora do sistema às crises que o abalaram, já que em nenhum momento se colocou em juízo o sistema de livre empresa, nem mesmo quando estiveram no poder governos autodenominados socialistas. Os partidários do dirigismo estatal pretendiam, não erodir ou suplantar o capitalismo, mas conferir-lhe maior vigor e, principalmente, maior estabilidade. A empresa capitalista foi considerada necessária e desejável, e a intervenção do estado se dava, em boa medida, com o propósito de estimular o capitalismo. Reformava-se o que se queria conservar e não se poderia conservar no estado em que se encontrava. Há que se discordar parcialmente de Brzezinski quando este afirma que "o comunismo veio muito tarde para o Ocidente industrial porque o nacionalismo e os conceitos liberais de reformismo estatal se apropriaram antecipadamente de seu apoio humanista por meio do Estado-Nação".[1] Há que se reconhecer no marxismo um fator de autocrítica e de contrição do capitalismo, um emulador das reformas e do desenvolvimento de uma consciência social.

Em que momento histórico o capitalismo terá começado a afastar-se das prescrições liberais e individualísticas predominantes no tempo de Adam Smith? Em que momento o livre jogo das forças de mercado terá sofrido a primeira injunção do Estado ou de associações de trabalhadores?

O primeiro cartel do século XIX foi pobre em matéria de defesa social. Marx[2] relatou que, de 1802 a 1833, o Parlamento britânico aprovou cinco leis, as quais não foram regulamentadas. Em 1833, seria aprovado o primeiro Factory Act, aplicável a algumas indústrias, como a de algodão, a de lã e a de seda. Tal ato delimitava o período de trabalho entre 5h30 e 20h30, ou seja, um total de quinze horas, e permitia o trabalho de jovens entre 13 e 18 anos, desde que a jornada de trabalho deles não excedesse um total de doze horas; o trabalho de crianças menores de 9 anos era proibido,

---

[1] Z. Brzezinski, *Entre duas eras*, traduzido do original em inglês por J. A. Fortes, Rio de Janeiro: Ed. Artenova, 1971, p. 124.

[2] K. Marx, *O capital*, v. 1, cap. X, seção 6.

o de crianças entre 9 e 13 anos era restringido a oito horas de trabalho. A proteção ao menor seria burlada pelo sistema de empregá-lo, em rodízio, por períodos curtos várias vezes ao dia, de modo que o total de horas prestadas excedesse as oito ou doze prescritas em lei. Em 1844, porta-vozes e líderes políticos da classe manufatureira, por necessitarem do apoio dos trabalhadores para revogar as Leis do Milho, facilitaram a aprovação do Factory Act de 1844, que colocava as mulheres acima de 18 anos sob sua proteção, igualando-as aos trabalhadores jovens, e reduzia para seis horas e meia e, em alguns casos, sete, o trabalho das crianças menores de treze anos. Porém, a idade mínima a partir da qual as crianças poderiam ser empregadas reduzia-se de nove para oito anos. Em 1847, novo Factory Act reduzia para onze horas e, a partir de 1848, para dez, a jornada de trabalho das mulheres e dos homens entre 13 e 18 anos. Os manufatureiros responderam com uma diminuição dos salários de pelo menos 25%, para forçar os trabalhadores, já combalidos pela crise de 1846-1847, a trabalhar maior número de horas e obter sua adesão para a revogação do *Act* de 1847. A Revolução de 1848 em Paris, prossegue Marx, uniria a burguesia européia contra o proletariado, que passava então a ser visto como uma classe suspeita, e foi assim que os produtores ingleses começaram a utilizar toda a sorte de fraudes contra os Factory Acts, desde a demissão de jovens e a admissão de adultos para o trabalho noturno até a supressão do intervalo para refeições no horário de trabalho, com a complacência dos tribunais.

Outro recurso usado pelo capital foi o de empregar os trabalhadores em diversos estágios da produção durante o dia de trabalho, impedindo assim um controle governamental, e fazendo com que, embora o total de horas aparentemente não ultrapassasse dez, o número de horas em que o trabalhador ficava à disposição do capitalista era de doze ou mais. Eram, assim, pagas dez horas de trabalho por um serviço efetivo de às vezes quinze. Essa situação levou a uma acomodação por meio de Factory Act de 1850, pelo qual se elevava de dez a dez horas e meia a jornada de trabalho dos jovens e das mulheres nos primeiros cinco dias da semana, e estipulava-se em sete e meia no sábado. Fixava-se o horário de trabalho de seis da manhã às seis da noite, com intervalos de não menos de uma hora e meia, de modo que o total de horas em que o trabalhador ficava à disposição do manufatureiro não excedesse as dez e meia prescritas pelo *Act*. Atos complementares a esse, atinentes a ramos específicos da indústria, seguiram-se.

Na França, as coisas andaram mais lentamente. A única lei das fábricas promulgada durante o reinado de Luís Filipe I, em março de 1841, nunca entrou em vigor, e ela dizia respeito somente ao trabalho de menores (oito horas por dia para crianças entre 8 e 12, doze horas para crianças entre 12 e 16 anos, etc., com exceções várias que acabavam permitindo o trabalho noturno mesmo para crianças de 8 anos). Apenas em 1853, e num único departamento, o governo nomeou um inspetor de fábricas. A Revolução de fevereiro de 1848 fez-se necessária para introduzir as doze horas de trabalho, e o fez de modo generalizado por indústria, e não somente para crianças e mulheres, mas para o trabalhador em geral. Nos Estados Unidos, as reivindicações operárias tiveram início após a Guerra Civil; o Congresso Geral do Trabalho em Baltimore, 1866, declarava o direito do trabalhador a uma jornada de oito horas de trabalho, e da mesma forma agiu o Congresso da Associação Internacional de Trabalhadores, em Genebra, no mesmo ano.

Essas modificações foram, como não podia deixar de ser, interpretadas como uma intromissão na liberdade do indivíduo, ou, como escreveu na época, na Inglaterra, Andrew Ure, "uma interferência na liberdade dos súditos". Ure relata também que "os industriais de Gloucester caracterizaram, com justiça, [a proposta da limitação do dia de trabalho] como digna da pior Idade Média".[3] Além do mais, tais conquistas não se fizeram sem fricções sociais, por meio, inicialmente, de petições enviadas aos próprios capitalistas, depois aos parlamentares, e, em seguida, por piquetes e greves. Veio, mais tarde, a conquista sangrenta do direito de voto, o que deu aos trabalhadores o poder de influenciar as leis do país, e, finalmente, a associação em sindicatos. Hubermann registraria:

> ...apesar de todos os esforços, legais ou ilegais, para esmagá-los, os sindicatos resistiram. Não foi fácil. Os membros dos sin-

[3] L. Hubermann, *A história da riqueza do homem*, citando Andrew Ure, Rio de Janeiro, Zahar, 1962, p. 210.

> dicatos foram presos, os bens sindicais confiscados, os sindicatos tiveram de passar à luta subterrânea – tornaram-se "associações beneficentes" ou "clubes sociais". As armas dos sindicatos, como as greves e os piquetes, foram proibidas – mas mesmo assim os sindicatos sobreviveram.[4]

Os membros dos sindicatos seriam presos, os bens sindicais confiscados, os sindicatos lutariam clandestinamente até que, mais tarde, seriam aprovados.

A partir de 1815, despontava uma consciência de classe trabalhadora. Em 1818, surgiriam na Inglaterra as primeiras tentativas de união em sindicatos e de "greve nacional". Em torno de 1820, forjar-se-ia naquele mesmo país e na França o conceito de socialismo. A partir de 1825, o movimento operário começaria a reclamar liberdade de associação e passaria a ser visto como faccioso, conceituação essa que se firmaria com a Revolução de 1848 na França. Por volta de 1830, já havia uma consciência de classe e aspirações sociais, ainda que eivadas de jacobinismo. As campanhas políticas, por meio de manifestações e encontros públicos, jornais e panfletos, distúrbios e insurreição, foram importantes para que se conseguisse o Ato de Reforma de 1832 e o acanhado controle das condições e das horas de trabalho nas fábricas, assim como também foram importantes as agitações nas fábricas no Norte da Inglaterra na década de 1930. As massas trabalhadoras estavam pobremente organizadas, e pobres eram também sua liderança, coordenação ou conscientização. As massas eram de importância numérica inferior, embora fossem, proporcionalmente ao número, de maior magnitude política. Segundo Hobsbawm,[5] havia, em 1801, 100 mil pagadores de impostos que ganhavam mais de 150 libras por mês; em 1848, cerca de 340 mil, ou, incluindo-se os dependentes, cerca de milhão e meio de pessoas numa população de 21 milhões. A classe trabalhadora, conquanto crescesse a taxas mais rápidas, não atingia milhão, exceto talvez na Grã-Bretanha.

---

4 *Idem, ibidem*, p. 219.

5 E. J. Hobsbawm, *The age of revolution*: *1789-1848*, Nova York, The New American Library, 1962, p. 353.

O já mencionado ano de 1848 foi um divisor de águas não só para a história econômica e social como também para o pensamento econômico. Uma conjugação de fatores para tanto contribuiu, o que culminou na Revolução de 1848, a qual desfez o sonho da República Social e fez ver ao proletariado que o ideário da Revolução Francesa, *liberté, egalité, fraternité*, não os contemplava. 1848 evidenciou a divisão das sociedades dos países industrializados em duas classes antagônicas, inaugurando, com isso, formalmente, o processo social sobre o qual ainda hoje a História desliza. Desmanchavam-se as quimeras proudhonianas ao mesmo tempo em que irrompia no cenário político-social o Manifesto Comunista, escrito que abriria uma outra trilha para o pensamento socialista e para as reivindicações operárias. Naquele ano, terminava o absolutismo da economia individualista, conforme testemunha a conversão de Stuart Mill de liberal político e econômico em socialista liberal, professada em seu livro *Political economy*.

Precisamente na segunda metade do século XIV, quando se alastravam pelo mundo as idéias marxistas e suas previsões quanto ao fim trágico do capitalismo, o mundo assistiria a uma expansão colonial, de feitio imperialista, que viria a permitir um aumento sem precedentes do padrão de vida das massas até a Primeira Grande Guerra. Lenin desenvolveria a tese de que "o imperialismo é o estágio monopolista do capitalismo",[6] o imperialismo "é o capitalismo naquele estágio de desenvolvimento em que a dominação dos monopólios e do capital financeiro se estabeleceu".[7] Lenin via, pois, na substituição da livre concorrência pelo monopólio associado ao capital financeiro, a mudança nos modos de produção a que, na superestrutura, corresponderia o imperialismo colonialista voltado para a exploração monopolística dos territórios ocupados. Eram cinco as etapas desse processo. Em primeiro lugar, a produção e o capital concentravam-se, criando com isso monopólios com papel decisivo na economia. Em segundo lugar, fundiam-se o capital bancário e o industrial, o que dava origem a uma oligarquia financeira. Em terceiro, a exportação de capital, distinta da de mer-

---

6 V. I. Lenin, *Imperalism the higher stage of capitalism*, Pequim, Language Press, 1975, p. 105.

7 *Idem, ibidem*, p. 106.

cadorias, passava a adquirir especial importância. Em quarto, formavam-se as associações entre os capitais monopolistas internacionais que dividiam o mundo entre si. Em quinto, completando o processo, dividia-se territorialmente o mundo entre as grandes potências capitalistas. Escreveu Lenin:

> Enquanto o capitalismo for o que é, o capital excedente será utilizado não para o propósito de levantar o padrão de vida das massas num dado país, pois isso significaria um declínio nos lucros dos capitalistas, e sim para o propósito de aumentar os lucros pela exportação de capital para os países atrasados.[8]

Baseado em estatísticas da época, Lenin esgrimiu, entre outras, as seguintes tabelas ilustrativas da expansão do capitalismo em direção àquilo que seria a periferia do sistema:

CAPITAL INVESTIDO NO EXTERIOR
(em bilhões de francos)

Ano	Grã-Bretanha	França	Alemanha
1862	3,6	—	—
1872	15,0	10(1869)	—
1882	22,0	15(1880)	?
1893	42,0	20(1890)	?
1902	62,0	27-37	12,5
1914	75-100,0	60	44,0

Afinado com Lenin, o historiador alemão Fritz Sternberg afirmou:

> ...o ritmo da expansão do capitalismo imperialista era em parte o resultado da exploração dos povos coloniais, e só fazia assim acentuar as diferenças de rendas entre estes e as metrópoles. Além disso, as medidas tomadas por estas últimas para frear, quando não impedir, completamente, o desenvolvimento industrial dos países coloniais e semicoloniais, reforçavam ainda, indiretamente, a expansão industrial das nações imperialistas.[9]

---

8 *Idem, ibidem*, p. 73.

9 F. Sternberg, *Le conflit du siècle*, traduzido do alemão por Joseph Rovan, Paris, Éditions du Seuil, 1956, p. 27.

POSSESSÕES COLONIAIS DAS GRANDES POTÊNCIAS
(por milhão de quilômetros quadrados e milhão de habitantes)

	Colônias				Países Metropolitanos		Total	
	1876		1914		1914		1914	
	Área	Pop.	Área	Pop.	Área	Pop.	Área	Pop.
Grã-Bretanha	22,5	251,9	33,5	393,5	0,3	46,5	33,8	440,0
Rússia	17,0	15,9	17,4	33,2	5,4	136,2	22,8	169,4
França	0,9	6,0	10,6	55,5	0,5	39,6	11,1	95,1
Alemanha	-	-	2,9	12,3	0,5	64,9	3,4	77,2
E.U.A.	-	-	0,3	9,7	9,4	97,0	9,7	106,7
Japão	-	-	0,3	19,2	0,4	53,0	0,7	72,2
Total das seis Grandes Potências	40,4	273,8	65,0	523,4	16,5	473,2	81,5	960,6
Colônias de outras potências (Bélgica, Holanda, etc.							9,9	45,3
Países semicoloniais (Pérsia, China, Turquia)...................							14,5	361,2
Outros países...							28,0	289,9
Total para o mundo inteiro							133,9	1.657,0

A segunda metade do século efetivamente presenciaria um autêntico crescimento do padrão de vida das massas e, ao mesmo tempo, um alargamento de distância que a separaria mais e mais do mundo burguês. Embora persista o debate histórico em torno de ter havido ou não aumento na renda real absoluta e relativa ao longo de todo o século XIX, há consenso em relação à idéia de que a situação dos pobres nas cidades piorou até a primeira metade do século XIX e melhorou a partir da segunda. Hobsbawm escreveu:

> A expansão econômica mitigava essa constante insegurança. Não há muita evidência de que os salários reais na Europa começaram a subir significativamente até a última parte dos anos de 1860, mas mesmo antes disso o sentimento geral de que os tempos estavam melhorando era inequívoco nos países desenvolvidos, o contraste com os turbulentos e desesperados anos de 1830 e de 1840 era palpável. Nem o aumento do custo de vida em escala continental em 1853-1854 nem a recessão dramática e mundial de 1858 trouxeram qualquer desassossego sério.

> A verdade é que o grande *boom* econômico gerou emprego– doméstico e para os emigrantes no exterior – numa escala assaz sem precedentes. Conquanto más, as dramáticas recessões cíclicas nos países desenvolvidos pareciam agora menos provas de colapsos econômicos do que interrupções temporárias no crescimento.[10]

Sternberg coligiu uma série de dados[11] em suporte do argumento, de resto bastante explorado pelo leninismo. A tabela a seguir, por exemplo, mostra que, de 1860 a 1913, a produção industrial mundial mais do que setuplicou:

PRODUÇÃO INDUSTRIAL

(1913=100)

Ano	Alemanha	Grã-Bretanha	França	Rússia	Itália	Estados unidos	Mundo
—	—	—	—	—	—	—	—
1860	14	34	26	8	—	8	14
1870	18	44	34	13	17	11	19
1880	25	53	43	17	23	17	26
1890	40	62	56	27	40	39	43
1900	65	79	66	61	56	54	60
1910	89	85	89	84	99	89	88
1913	100	100	100	100	100	100	100

Tais dados chocam-se com o crescimento da produção mundial e com a repartição da produção mundial pelo mundo, mostrando o gráfico a concentração do fenômeno de aumento da produção industrial na Europa:

[10] E. J. Hobsbawm, *op. cit.*, p. 259.

[11] F. Sternberg, *op. cit.*, pp. 14 e ss.

REPARTIÇÃO POR REGIÃO DA PRODUÇÃO INDUSTRIAL MUNDIAL
(em porcentagem)

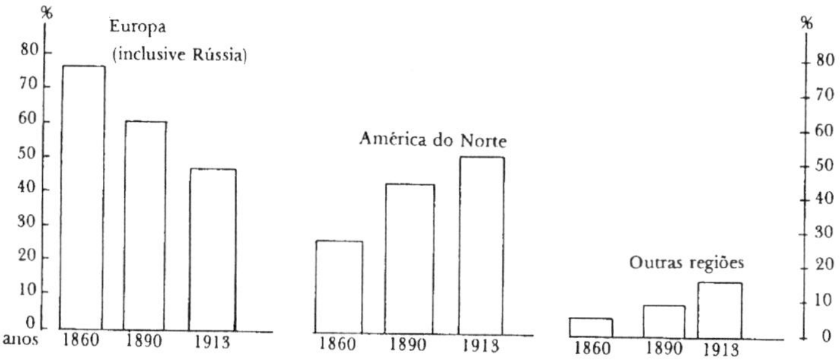

Em 1860, a Europa concentraria (estimativas aproximadas) 75% da produção mundial, a América do Norte 22%, e outras regiões 3%, com base em indicações representativas de 38 países. Em 1913, a Europa representaria 53%, a América do Norte 42% e outras regiões 5%. A renda nacional nos Estados Unidos aumentou mais de oito vezes entre 1850 e 1913, e a renda por pessoa ocupada mais do que duplicou. Veja a tabela a seguir:

RENDA NACIONAL DOS EUA

Ano	Renda nacional em bilhões de dólares	Renda real em bilhões de dólares 1925/1934=100	Pessoas ocupadas (em milhões)	Renda real por pessoa ocupada (em dólares)
—	—	—	—	—
1850	2,38	6,06	7,697	787
1870	7,18	12,40	12,93	959
1890	12,00	27,2	23,32	1259
1913	33,7	52,5	39,3	1333

Na Inglaterra, França e Alemanha, a renda real evoluiria da seguinte maneira:

Inglaterra Renda média anual por pessoa ocupada 1930=100		França Renda média anual por pessoa ocupada 1925/34=100		Alemanha Renda média anual por pessoa ocupada 1925/34=100	
1860-1869	116,2	1850-1859	6,760	1854	1520
1877-1885	141,7	1870-1879[(a)]	10,580	1877-1885	2600
1894-1903	175,8	1888-1889	11,420	1894-1903	2914
1904-1910	182,3	1890-1899	13,000	1904-1910	2996
1911-1913	195,4	1900-1909	14,420	1911-1913	3116

(a) Sem a Alsácia-Lorena, para os anos 1871-1919.

Agrupando a população mundial segundo a importância da renda média por habitante, as estimativas utilizadas por Sternberg chegam à seguinte conclusão:

Renda *per capita* (em unidades internacionais)	Habitantes (em milhões)
Acima de 1.250 unidades	139
1.000 a 1.250	65
700 a 1.000	18
600 a 700	130
500 a 600	39
400 a 500	72
300 a 400	451
200 a 300	68
Acima de 200	1.113

As rendas superiores a 600 unidades internacionais encontram-se sobretudo nas metrópoles capitalistas nos Estados industriais, como os Estados Unidos, a Inglaterra, a França e a Alemanha.

Os povos pertencentes à categoria de objetos da expansão imperialista, os povos coloniais e semicoloniais dispõem apenas de rendas superiores a 200 unidades; esses países têm 1.113 milhão de habitantes, o equivale a mais da metade da população mundial.

A tabela a seguir mostra o extraordinário crescimento do volume do comércio mundial na segunda metade do século XIX e nos primeiros anos do século XX.

VOLUME DO COMÉRCIO MUNDIAL (1913=100)
(porcentagens de 1913)

Anos	Total	Prod. Industriais	Matérias-primas
1876-1880	31,6	32,2	31,2
1881-1885	38,8	40,0	38,0
1886-1890	44,8	45,2	44,5
1891-1895	49,3	45,9	51,4
1896-1900	55,6	48,0	60,3
1901-1905	67,9	63,2	70,7
1906-1910	81,2	78,0	83,1
1911-1913	96,5	95,7	97,0
1913	100,0	100,0	100,0

Finalmente, a próxima tabela mostra a extraordinária expansão colonialista em termos geográficos e populacionais.

POSSESSÕES COLONIAIS DE 1876 A 1900
GRUPOS POR CONTINENTES

PAÍS	1876		1900		Aumento (+) Decréscimo (-)	
	km²	Pop. por milhares	km²	Pop. por milhares	km²	Pop. por milhares
Na Ásia	22.772.900	291.495	25.012.700	390.636	+ 2.239.800	+ 99.141
Grã-Bretanha	3.765.400	241.835	5.224.400	301.945	+ 1.459.000	+ 59.660
Países Baixos	1.520.600	24.170	1.520.600	37.494	—	+ 13.324
França	160.000	2.683	664.200	18.073	+ 504.200	+ 15.390
Espanha	296.300	6.000	—	—	- 296.000	- 6.000
Portugal	19.900	849	19.900	810	—	- 39
Alemanha	—	—	500	84	+ 500	+ 84
Rússia	17.010.700	15.958	17.286.800	25.045	+ 276.100	+ 9.087
Estados unidos	—	—	296.300	7.635	+ 296.300	+ 7.635
Na África	3.218.700	11.425	26.950.900	123.349	+23.732.200	+ 111.924
Grã-Bretanha	706.900	2.331	9.201.200	53.097	8.494.300	+ 50.766
Bélgica	—	—	2.382.800	19.000	+ 2.382.800	19.000
França	700.000	2.875	10.211.200	31.518	+ 9.511.200	+ 28.643
Espanha	9.800	319	220.300	673	+ 210.500	+ 354
Portugal	1.802.000	5.900	2.073.300	6.865	+ 271.200	+ 965
Itália	—	—	510.000	731	+ 510.000	+ 731
Alemanha	—	—	2.352.209	11.465	+ 2.352.200	+ 11.465

Essa expansão mascarará a enorme concentração de renda que se operava ao longo do século. Hobsbawm fornece o impressionante dado de que, "em Lille, a burguesia passou apenas de 7 para 9% da população entre 1820 e 1873-1875, enquanto sua participação na riqueza deixada em testamentos aumentou de 58 para 90%. As classes populares, que aumentaram de 62 para 68%, deixaram apenas 0,23% da riqueza testamentária".[12] Sternberg observaria:

> ...a época que precedeu a Primeira Guerra Mundial se caracteriza efetivamente por uma suavização dos antagonismos sociais nos Estados imperialistas mais evoluídos, mas esta suavização só se tornou possível pelo expansionismo, pela onda imperialista européia ocorrida no mundo inteiro, a qual, ao agravar os antagonismos de política exterior, devia necessariamente conduzir à guerra geral.[13]

Não obstante, não se supunha que o padrão de vida das massas ultrapassasse um mínimo de subsistência, o que caracterizaria, se não um empobrecimento absoluto das massas, ao menos um empobrecimento relativo, tal qual hoje se observa em muitos países de modelo neocapitalista. Hobsbawm observaria:

> Na Grã-Bretanha e na Alemanha, na França e no Império Habsburgo, diferentemente da Austrália ou dos Estados Unidos, o máximo conveniente para a classe trabalhadora era o bastante de comida boa e decente (...) uma moradia modestamente cheia de gente, e vestimenta adequada a proteger a moral, saúde e conforto sem arriscar-se a impropriamente anular o costume da gente melhor. Era de se esperar que o progresso capitalista aproximaria os trabalhadores desse máximo, e de se lamentar (...) que tantos estivessem tão baixo dele. Contudo, era necessário, indesejável e perigoso que os salários ultrapassassem esse ponto.[14]

A partir de 1848, começa a nascer o sindicalismo industrial. Em 1864, será reconhecido na França o direito de greve, e, em

[12] E. J. Hobsbawm, *op. cit.*, p. 262.

[13] F. Sternberg, *op. cit.*, p. 167.

[14] E. J. Hobsbawm, *op. cit.*, p. 256.

1868, admitida a formação das câmaras sindicais com o propósito de dar ao trabalhismo francês o pragmatismo anglo-saxão. Não obstante, uma corrente sindicalista recusar-se-ia por completo a participar da vida nacional. O principal mentor na França é Pelloutier, que cria as bolsas de trabalho em 1882 e as reúne em Federação em 1892. De 139 mil membros em 1890, os sindicatos passam a 1.626 mil em 1914. A Confederação Geral do Trabalho (CGT) nasce em 1895, e consegue unificar as organizações operárias de tendência socialista, tendência esta revolucionária, que se moderará a partir de 1911. Outras agremiações, como a Confederação Francesa de Trabalhadores Cristãos (CFTC) 1919, bem como a Confederação Geral do Trabalho Unitário (CGTU), 1925, de orientação revolucionária, adotarão uma linha reformista. Também na Inglaterra e nos Estados Unidos o movimento sindical ganhará notável impulso a partir de 1870, mas sem ideologia de classe, e sim trabalhista. Os sindicatos alemães afirmam-se marxistas. Os sindicatos tornam-se a principal força de todos os países capitalistas.

Hobsbawm[15] salienta o fato de ter sido graças à expansão capitalista que a burguesia conseguiu reter o apoio de, ou pelo menos a hegemonia sobre os pequeno-burgueses, a classe trabalhadora e, mais raramente, os camponeses. De um modo geral, nesse período da história os liberais (que representavam normalmente as classes empresariais urbanas e industriais), detiveram o poder e/ou a administração com interrupções apenas ocasionais. Assim o foi na Grã-Bretanha de 1846 a 1874, nos Países-Baixos por pelo menos vinte anos, entre 1846 a 1874, na Bélgica de 1857 a 1878, na Dinamarca mais ou menos até 1864. Na Áustria e na Alemanha, os liberais foram os sustentáculos dos governos de meados da década de 1860 até o fim da década de 1870, apesar de que viria a ocorrer a separação de uma ala mais radicalmente democrática. Assim o foi também na Escandinávia com a dissociação "esquerdista" dos partidos camponeses; em 1848 na Dinamarca com o *Venstre*; durante os anos de 1860 na Noruega, ou, como na Suécia, em 1867, com um grupo agrário de pressão antiurbana. Na Prússia, os radicais democratas, com sua base no Sudoeste não industrial, recusaram-se a seguir os liberais nacionais burgueses em sua aliança com Bismark

---

15 *Idem, ibidem*, p. 129.

depois de 1866, embora alguns deles tendessem a juntar-se aos social-democratas marxistas antiprussianos. Na Itália, os republicanos permaneceram na oposição, enquanto os moderadores se tornaram o principal suporte do reino recém-unido. Na França, a burguesia há muito havia cessado de navegar sob sua própria bandeira, ou mesmo a bandeira liberal, e seus candidatos procuraram apoio popular sob rótulos crescentemente inflamatórios. "Reforma" e "progressista" abriram caminho para "republicano" e este, por sua vez, para "radical" e, mesmo na Terceira República, "radical-socialista", mudando, portanto, rapidamente em direção a maior moderação depois de seus triunfos eleitorais sobre a esquerda. Apenas na Grã-Bretanha os radicais permaneceram como ala permanente do Partido Liberal; provavelmente porque os camponeses e a pequena burguesia que lhes permitiram estabelecer sua independência política mal existiam como classe em outro lugar.

A segunda metade do século XIX presenciará a intervenção do Estado na economia, para acelerar também o crescimento e acompanhá-lo. Tratava-se, contudo, de uma intervenção que visava a preencher os espaços deixados pela iniciativa privada, não a refreá-la. Tal intervenção não tinha caráter dirigista nem incidiria diretamente no sistema produtivo, no qual a ameaça maior ao livre jogo das forças de mercado não era o Estado, e sim o oligopólio e o monopólio que começavam a marcar sua presença. Napoleão III, no comando de um punhado de saintsimonianos, realizou uma intervenção pública, com grandes resultados, na economia francesa, fazendo de seu reinado, portanto, um dos períodos mais florescentes de expansão industrial, com modernização da indústria, criação de novos centro industriais, decuplicação da rede ferroviária que, de 1.800 km, em 1847, passaria a 18.000 km em 1970. Na Alemanha, Bismark inauguraria uma política intervencionista que seria seguida sistematicamente, com aceleração da siderurgia, primeira legislação social coerente, com a instituição, em 1876, dos seguros sociais, seguro-velhice, seguro para acidentes de trabalho, e com um código de proteção aos salários. O Estado alemão facilitou e muitas vezes tornou obrigatória a criação de cartéis que impuseram altos preços internos para poder oferecer baixos preços externos. Na França e na Inglaterra o Estado intervém, desde o começo do século XIX, para regulamentar a emissão de notas bancárias, e para adaptar as instituições financeiras às necessidades da expansão industrial. Em 1844, o Banco da Inglaterra detém o monopólio absoluto de emissão fiduciária. O capitalismo japonês surgirá sobre uma base intervencionista, não liberal. A partir de 1890, a grande empresa começaria a substituir a concorrência pura e perfeita e inauguraria o primado da ação coletiva sobre a ação individual.

A Primeira Grande Guerra marcará o crepúsculo do liberalismo. O capitalismo europeu perderia o mercado russo – no qual antes era privilegiado –, conheceria o fim das conquistas coloniais, a concorrência norte-americana e a japonesa, o esfacelamento do império austro-húngaro em pequenos Estados de desenvolvimento capitalista inviável, o envelhecimento da população européia e o pequeno efeito, se comparadas com aquelas do século XIX, como as ferrovias, das inovações tecnológicas. O Estado tornar-se-á, com a economia de guerra, o grande mobilizador da economia, o principal cliente da indústria pesada. Com a economia de guerra, assenhorear-se-ia da produção de matérias-primas, de bens de consumo e víveres e do comércio exterior. Instrumentos de planejamento improvisados passaram a substituir uma estrutura liberal. O Estado tornou-se um dos principais fatores de crescimento, da regulamentação da demanda, do planejamento, de inovação, de promoção de oportunidades de investimento, de pesquisa científica, de exploração econômica direta (surgiram as empresas públicas, as sociedades de economia mista), enfim, de política econômica. A partir do fim do conflito, o Estado reduzirá seus controles, mas um período de estagnação prolongar-se-ia por muitos anos, fruto, entre outras coisas, de uma economia de guerra desmobilizada. O capitalismo liberal, até então associado ao bem-estar material, ao progresso e à civilização, passaria a ser contestado, pela opinião pública dos diversos países, por ter conduzido a humanidade à guerra.

Não só não era mais possível uma expansão territorialmente quantitativa do capitalismo, como estavam latentes os elementos que provocariam o recolhimento do colonialismo, os movimentos de liberação nacional nas antigas colônias da África e da Ásia e o surgimento de novas potências industriais como – novamente – a Alemanha, o Japão e a Itália, que causariam ao capitalismo uma perda de espaço ainda maior no fim da Segunda Grande Guerra. As conseqüências não se fizeram demorar: o desemprego na Inglaterra, que na depressão de 1897 se situara em torno de 8%, oscilou entre um mínimo de 10 e um máximo de 20%, acentuando-se a partir de 1921, e perdurou até o começo da Segunda Grande Guerra. Na Alemanha, o pagamento das dívidas de guerra agudizava a necessidade de revitalizar o capitalismo, mas ao preço de um terrível agravamento dos antagonismos sociais, como a inflação, que diminuiu o nível de vida das massas e empobreceu as classes médias. O processo de concentração industrial teria continuidade, mas agora apenas sobre uma produção incapaz de atingir o nível anterior à guerra.

Foi a crise de 1929, contudo, que fez o capitalismo acordar para sua nova realidade, e fez os governos desistirem de sanar os males econômicos com políticas liberais. Já antes haviam sido as despesas públicas o fator maior da expansão da demanda interna, o que prefigurou a política keynesiana. Mas a Inglaterra faria apelo maior à deflação, a França e a Alemanha à inflação como instrumento de política econômica, a primeira para restaurar, sem sucesso, a competitividade internacional pela baixa de preços, as outras para favorecerem os investimentos, e a França ainda para financiar obras públicas, para tanto emitindo moeda. A Grande Depressão dos Anos de 1930 desferiria no capitalismo golpe anda mais profundo que a Primeira Grande Guerra. Mal refeitas da depressão causada pelo conflito, as economias capitalistas sofreriam um novo revés que as precipitaria para a Segunda Grande Guerra. Dessa vez, nem mesmo os Estados Unidos da América, que saíram incólumes da Primeira Guerra, escapariam. Seriam, ao contrário, o epicentro da crise. Na Alemanha como nos Estados Unidos, os índices de desemprego foram alarmantes, o que impediu uma recuperação da economia pela baixa de preços.

Durante o período que medeia a Grande Depressão e a Segunda Grande Guerra, acentuar-se-iam na URSS as tendências autárcicas, e, assim, um novo recuo do comércio soviético com o mundo capitalista; a estagnação do desenvolvimento capitalista nos Estados entre a Rússia e a Alemanha e nas colônias, exceto nas japonesas, cujo desenvolvimento industrial foi conjugado com o das metrópoles; o isolacionismo econômico, financeiro e comercial dos EUA com relação à Europa. A Grande Depressão terá sido a maior evidência de o capitalismo tender para a superprodução, para o crescimento da oferta maior que o da demanda. Como diria Fritz Sternberg, "o teste que consistiria em sincronizar de um lado, sobre a base da economia de lucro capitalista e sem expansão exterior maior, o crescimento da produção e da produtividade, e, de outro, o aumento do consumo, resultou em fracasso".[16] Todo esse período de entreguerras foi marcado por uma incompreensão pelas forças sociais, incluindo-se aí mesmo as socialistas, do fato de que o capitalismo liberal estava num ponto de inflexão, razão por que nem mesmo os movimentos de vanguarda, como a social-democracia alemã, souberam organizar-se para levar a sociedade a transformações profundas.

O capitalismo revelou-se incapaz de vencer totalmente as conseqüências dessa crise econômica, a mais séria que jamais atravessara até então. Tão séria foi que, em 1938, o mundo capitalista não tinha ainda atingido os níveis de produção de 1929. O desemprego alcançava proporções alarmantes, mormente nos EUA e na Grã-Bretanha. Também o comércio internacional em nenhum momento antes do conflito reencontrou seus níveis de 1929.

A Grande Depressão dos Anos de 1930 vem sendo apresentada pela literatura ortodoxa como gerada na esfera circulatória da economia, e não na de produção e de consumo. É vista pois como uma *débâcle* financeira cujo bode expiatório é a especulação, *débâcle* que teria contaminado o sistema produtivo e a economia como um todo. O *crackdown* da bolsa de Nova York é, nesse espectro, apresentado como o agente catalisador da série de reações em cadeia que marcaria o fim da era do puro capitalismo liberal. Nada mais duvidoso. Transpostos os umbrais do mito especulativo criado em torno do colapso da bolsa, vê-se que a Grande Depressão foi uma crise de subconsumo ou superprodução.[17] Seu centro irradiador, os Estados Unidos, cujo *boom* industrial se acentuara com a Primeira Grande Guerra Mundial, haviam permanecido fundamentalmente voltados para o mercado interno, numa fase em que a expansão territorial do país já se havia completado; se intentos

---

16 F. Sternberg, *op. cit*, p. 334.

17 Seguir-se-á o roteiro da crise conforme André Phlilip, *Histoire des faits economiques et sociaux de 1800 à nos jours*, segunda parte, capítulo VII, Paris, Éditions Montaigne, 1963.

houve para substituir a Inglaterra no comércio internacional, faltavam-lhes a tradição nas exportações tanto quanto nas importações, bem como um império colonial. Eram ao mesmo tempo depositários de capitais europeus excedentes, os quais alimentavam a especulação na Bolsa de Nova York. A expansão industrial para o Sul provocara a contratação de uma mão-de-obra pobre, cujo salário era inferior ao dos trabalhadores sindicalizados, gerando, com isso, pouco dinamismo na demanda em comparação ao aumento do produto. A demanda refreava-se ainda com a alta dos produtos industriais, o que acarretava a diminuição dos salários reais no conjunto da renda nacional. De 58%, em 1920, os salários não iriam além de 46% em 1924. Nos anos imediatamente anteriores à crise, a produtividade por operário aumentou de 36% e o salário individual de apenas 14%. Ao contrário, a taxa de lucro, de um crescimento de 5,3% ao ano, de 1920 a 1925, atingia 85% de 1925 a 1929. As possibilidades de venda na indústria achavam-se limitadas. Verificara-se ainda aumento da oferta agrícola com a incorporação da URSS e da Europa Central ao mercado internacional. Era a lei de desequilíbrio entre oferta e procura, a "contradição fundamental" do capitalismo em operação.

Foi em decorrência desse estado de coisas que os capitais se tornaram especulativos em sua maioria, afluindo à Bolsa de Nova York. Mecanismos secundários de liquidez foram criados; os empréstimos bancários aos corretores contra os títulos que tinham tais corretores em depósito, títulos esses derivados da venda de ações e constituídos em parte de uma caução das próprias ações por parte do cliente como garantia de pagamento, aumentavam o espaço da liquidez especulativa. A alta das ações que se produzia ultrapassava a dos lucros, o que fez com que os rendimentos dos títulos diminuíssem. Aparentemente, foi uma retirada de certos fundos europeus da especulação em Wall Street, em virtude do aumento da taxa de desconto do Banco da Inglaterra, o impacto inicial em direção a uma espiral vertiginosa para baixo. As ações baixaram; os corretores, ao verificar a situação de seus clientes, concluíram que sua situação não era assim tão sólida e reclamaram dinheiro vivo como garantia; não o obtiveram, obtiveram sim, em seu lugar, ordens de venda dos títulos em depósito, que, lançados no mercado ao mesmo tempo, precipitaram catástrofes em cadeia, que voltaram à esfera produtiva. Um ano antes a alta dos lucros havia cessado; desde o verão de 1929, a indústria automobilística estava em recessão. Os inúmeros industriais que haviam obtido empréstimos graças aos depósitos em títulos perdiam a base de seus créditos e tinham de vender a preços abaixo do valor. A partir de maio de 1930, a crise generalizar-se-ia e até a primavera de 1932 os preços baixariam regularmente; a produção e os salários também baixariam e o desemprego aumentaria.

Só agora a crise se estendia à Europa, não obstante ter se originado, em parte de lá. Os especuladores americanos, encontrando oportunidades rentáveis no Velho Continente, para lá fizeram afluir seus capitais. O afundamento da Bolsa de Nova York parara definitivamente a exportação de capitais americanos, e muitos bancos americanos trataram de trazer seus capitais de volta aos EUA, o que provocou na Alemanha um *rush* a bancos em função da perda da confiança na moeda nacional, perda essa decorrente, por sua vez, da perda de divisas. O encarecimento creditício obrigou as empresas alemãs a aviltarem seus preços para obter capital giratório, o que precipitou a baixa dos preços e o desemprego. O índice geral da produção, que era de 74 em abril de 31, caiu para 55 em junho de 1932. O número de desempregados ultrapassava 6 milhões no começo de 1932. Na Grã-Bretanha, produzia-se também grande repatriamento de capitais estrangeiros, dado o medo causado pelo congelamento de depósitos ingleses na Alemanha. Isso provocaria o abandono do padrão-ouro pela Grã-Bretanha, logo seguida por outros países.

Capitais franceses repatriaram-se na França, retirados dos EUA. A pressão externa abalaria a confiança interna e precipitaria uma corrida a bancos, o que de um lado causou falências bancárias e, de outro, uma diminuição dos créditos comerciais, o que alimentava a crise econômica geral e a multiplicação das falências bancárias.

Foi o fim da política liberal. Multiplicaram-se os mecanismos de proteção ao mercado interno, assim como os contingenciamentos. O Estado interveio no comércio internacional, nas operações de capital, nos preços. A baixa dos preços não obedecia ao livre jogo das forças de mercado, mas era impedida pela máquina do Estado, que criava preços de sustentação, preços mínimos, nos produtos que lhe convinha, por pressão ou por interesse de grupos organizados.

Nos EUA, o país mais duramente atingido pela depressão, o qual não dispunha, como a Inglaterra desde 1914, de instrumentos de controle e de planejamento estatal da economia, a crise produziria uma das maiores transformações sociais desde a Guerra Civil, no sentido de parcialmente anular os postulados liberais em função de uma política social: o New Deal. Grandes obras públicas; seguro-desemprego; estímulo ao produtor rural; tonificação de toda a economia pela criação de um setor estatal destinado a revitalizar a demanda, da qual o programa WPA (Works Progress Administration) foi a expressão maior, enfim, uma série de inovações que não visavam, por princípio, a transformar a estrutura da economia norte-americana para criar uma economia do tipo misto, e sim a favorecer a absorção do setor público pelo privado logo que possível. O grande efeito da política de Roosevelt foi o estímulo ao sindicalismo americano que, de 791 mil afiliados, em 1900, atingiria 8.006 em 1939 e 2.127 em 1933. Assim, a intervenção estatal foi o remédio contra o desemprego gigantesco dos anos de 1930 e contra a queda de salários e, por aumentar o poder de compra, contribuiu para reforçar consideravelmente a posição social dos trabalhadores. Foram reformas concebidas e executadas, como já se frisou, no âmbito do sistema capitalista, e não uma tentativa de transformar o sistema, o qual permanecia inalterado em seus pontos decisivos. Na verdade, a concentração industrial ganhou impulso com a Grande Depressão, sobretudo nos Estados Unidos. O poder das grandes empresas sobreviveu intacto à crise, e Roosevelt, no início da Segunda Grande Guerra, suspendeu temporariamente a legislação antitruste para obter a cooperação das empresas gigantes para seu programa armamentista.

A experiência do New Deal procurou explorar o potencial do mercado interno norte-americano. O Civilian Conservation Corps empregaria jovens em construção de estradas e reflorestamentos, o que em 1934 ocuparia 50 mil jovens. O Public Work Administration receberia um crédito de 3.300 milhões de dólares para trabalhos públicos, e adiantaria o dinheiro às cidades para obras públicas de todos os tipos, como proteção contra as inundações, melhorias em portos e rios, construção de habitações populares, escolas, quadras de esporte. Criou-se a famosa Tennessee Valley Authority, para a construção de meia dúzia de grandes barragens, estabelecimento de usinas hidroelétricas e linhas de transmissão. Foi o primeiro grande caso norte-americano de empresa pública, com administração autônoma. Suceder-se-ia o National Industrial Reconstruction Act – (Nira), com o poder de estabelecer um código para cada indústria. O (Nira) reconhecia o direito dos assalariados à coalizão e às negociações coletivas em total liberdade. Proibiu-se o trabalho antes de 16 anos, fixaram-se salários mínimos, limitou-se a jornada de trabalho, reconheceu-se o princípio das convenções coletivas. Esse princípio foi declarado inconstitucional pela Corte Suprema em 1935, mas Roosevelt conseguiu passar um projeto de lei pelo qual se reconhecia o direito de o trabalhador se organizar em sindicatos, e reconhecia o direito de o sindicato mais representativo dentro de uma indústria assinar a convenção coletiva. Surgia um novo sindicato, o Comittee for Industrial Organization, em bases de indústria, não de profissão; o movimento sindical norte-americano é relançado nessas bases e logo ganha maciça adesão. Em 1937, havia 600 mil trabalhadores sindicalizados nas minas, 400 mil na indústria de automóvel, 375 mil na de aço, 300 mil na têxtil e 250 mil na de vestuário.

Na Inglaterra, a oposição trabalhista exigia que o sistema como um todo fosse submetido a reformas radicais, acusando-o de haver perdido seu caráter de instrumento de progresso. Os trabalhistas, que em 1918 detinham 16% das cadeiras no Parlamento, em 1935 detinham 38%. A Inglaterra promoveu uma desvalorização combial, juntamente com os domínios britânicos e os países escandinavos. Na Conferência de Ottawa, o regime alfandegário preferencial consolidaria sua posição e a Inglaterra assinaria tratado bilaterais com a Dinamarca, a Argentina, a Noruega, a Islândia e a Suécia. Aí estavam os embriões da Commonwealth e do European Free-Trade Association (EFTA). Em 1945, as eleições britânicas conduziram ao poder, com esmagadora maioria, o Partido Trabalhista. A expectativa popular era a de que os sacrifícios impostos pela guerra fossem recompensados com um amplo programa em prol do bem-estar social. O primeiro-ministro Clement Attlee tratou de converter o país num Estado semi-socialista. A Inglaterra, que já era o único país onde a classe trabalhadora constituía a maioria da população, tornou-se o primeiro onde um governo trabalhista pôde governar livremente. O setor estatal controlava 20% da produção. A renda real do trabalhador passou de 37%, em 1930, a 44%, em 1948, da renda do trabalho e da propriedade. Nacionalizaram-se o Banco da Inglaterra, a indústria de carvão, a aviação civil, a indústria de energia elétrica e os transportes. A previdência social e a medicina socializadas foram amplamente estendidas. O Partido Trabalhista fez aprovar volumosa legislação destinada a elevar o padrão de vida das massas, e, em 1950, novamente no poder, após a derrota de 1948, votou a nacionalização da indústria do aço.

Presentemente, a crise econômica britânica, que culminou no Gabinete Thatcher, percorre caminho inverso, em defesa da eficiência e da produtividade econômica: redução dos impostos, enfraquecimento e desburocratização do Estado, reforço da iniciativa privada e compressão das despesas públicas que a economia não mais pôde alimentar senão à custa do crescimento econômico. Critica-se a maneira capitalística com que o próprio governo geriu as empresas nacionalizadas, em geral com empresários tirados do setor privado. O alto grau de inflação; o declínio do poderio econômico; a queda da taxa de crescimento; o aumento do número de desempregados, que atingiu a cifra recorde de 2,5 milhões em 1982, o mais alto desde a grande crise econômica dos anos 1930; e a consolidação das forças de esquerda no seio de sindicatos agravarão ainda mais a situação no cenário socioeconômico britânico.

Na França, a Grande Depressão pôs fim à sucessão de governos de direita. As eleições de 1936 revelaram grande progresso dos grupos socialista e comunista, embora não lhes desse maioria. Anteriormente, o Ministério "Laval" tentaria controlar os efeitos da Depressão por meio de uma política de deflação (semelhantemente ao Gabinete "Brüning" na Alemanha), com uma baixa gradual de preços e salários. A insatisfação decorrente foi decisiva para a constituição do Front Populaire: Louis Blum subiu ao poder em 1936 no comando de um governo composto de socialistas e representantes da esquerda burguesa. Blum obteve para os trabalhadores os Acordos "Matignon", pelos quais se estabelecia uma semana de quarenta horas de trabalho, as convenções coletivas de trabalho, um aumento geral de salários de 7 a 15%, a aceitação por parte dos patrões de direitos sindicais consideravelmente ampliados, o pagamento de quinze dias de férias por ano e a ampliação da instrução obrigatória até a idade de 14 anos. A França conheceu forte orientação esquerdista, que terminou em importantes reformas sociais. Mas tais reformas se fizeram num contexto de aguda crise social e de militância popular: a oposição conservadora, inicialmente assustada, passou à reação, o que em 1937 forçaria o governo a renunciar, sem que a Frente Popular houvesse alterado a estrutura política e econômica da França. O operariado esperava, dos socialistas, salários mais elevados, reabsorção dos empregados e promulgação de um número maior de leis sociais. Tentando manter suas promessas, a Frente Popular chocou-se com a resistência dos conservadores. O estado de crise latente, de estagnação e de depressão econômica prolongar-se-ia até 1939 e, com ele, uma situação de crise que acentuava os antagonismos sociais.

A Alemanha de Hitler pôs em prática um nacional-socialismo, inicialmente declarado como revolucionário e anticapitalista. Destruíram-se todas as organizações de defesa da classe trabalhadora, como os partidos, os sindicatos e suas organizações derivadas, imprensa e representação parlamentar, e criaram-se organizações de controle dominados pelo Estado e pela classe patronal. O Estado passou a ser o síndico dos trabalhadores, como tal intervindo na fixação de tudo o que dissesse respeito ao trabalho. Contudo, como assinala Sohoenbaum, "enquanto os salários permaneceram estáticos, e eles até mesmo diminuíram ligeiramente entre 1934 e 1940, a renda média líquida dos que pagaram imposto sobre a renda e, por conseguinte, dos gerentes e empresários, se elevara em 46%".[18] Após a guerra, a exploração de milhões de trabalhadores escravizados desmascarou o verdadeiro caráter social do nacional-socialismo. Milliband assinala: "As classes que ocupavam os níveis mais altos da pirâmide econômica e social antes da chegada dos fascistas ao poder ainda ali estavam no fim do fascismo e do nazismo",[19] o que fez Franz Neumann declarar que "a essência da política social do Partido Nacional-Socialista consiste na aceitação e no fortalecimento do caráter classista prevalecente na sociedade alemã".[20]

---

[18] R. Milliband, *El Estado en la sociedad capitalista.* Traduzido do inglês por Francisco Gonzalez Aramburu, citando Schoenbaum. México, Siglo XXI Editores, 1970, p 89.

[19] *Idem, ibidem*, p. 91.

[20] *Idem, ibidem*, citando F. Neumann.

O nacional-socialismo alemão, se bem que à direta do marxismo e da própria social-democracia, representou um sistema econômico híbrido e, portanto, com uma política social arquitetada. Hitler implementou um programa de despesas públicas graças ao qual se completava o controle da economia pelo Estado. Lançou planos econômicos, cuja execução confiou às empresas privadas, com vistas a combater o desemprego por meio de programas financiados pela criação de moeda. Em tempo de paz, a indústria de guerra foi o elemento propulsor da economia e possibilitou uma recuperação mais rápida do que em outros países capitalistas, reduzindo o desemprego e elevando rapidamente o bem-estar das massas. Introduziu-se a primeira experiência de planejamento integral de uma economia capitalista em tempo de paz. Sacrificaram-se as instituições democráticas em favor da manutenção do sistema capitalista com proteção social. A economia de guerra, que reduziu o desemprego a um mínimo em 1936, melhorou a situação material da maioria de partidários e eleitores do nacional-socialismo. Os nazistas atomizaram a classe operária, mas, repita-se, elegeram o Estado para síndico dos trabalhadores. A política de Shacht, de orientação autárcica, procurava antes de mais nada utilizar o mercado interno, e para tanto recorria até à inflação de crédito.

O sistema fascista italiano foi um predecessor do sistema alemão, uma vez que Mussolini subiu ao poder em 1922/1923; sua Carta do Trabalho é de 1927 e o sistema corporativo de 1934. Como o alemão, era um regime nominalmente socialista, mas marcadamente nacionalista. Um sindicato único reunia patrões e empregados, estes tinham seus representantes eleitos mas também aprovados pelo Ministério do Trabalho; os secretários dos sindicatos provinciais e das federações nacionais eram nomeados pelo presidente da confederação dos sindicatos fascistas, ele mesmo nomeado por um governo. Em 1929, essa estrutura não impediria os sindicatos de defenderem os interesses operários, cujo salário real baixara. Em 1930, surgiriam os conselhos nacionais de corporações, que reuniam sindicatos operários e patronais, mas tinham apenas caráter consultivo, com o poder concentrado em mão do Estado. Com a crise, a influência patronal diminuiria em favor de uma maior atuação do Estado, o qual promoveria a reforma bancária, criaria o Instituto de Reconstrução Industrial (IRI), que destinou fundos públicos às empresas industriais atingidas pela crise.

O Japão seria levado à ruína econômica pela crise de 1929. Não podendo cessar suas importações, e com dificuldade de exportar, recorreria desde logo a um modelo imperialista pelo qual obteria seus suprimentos. Lançar-se-ia em conquistas e expedições coloniais, que teriam por principal alvo a Manchúria e a Coréia. O Estado interveio fortemente na economia sob o impulso do Exército e da Marinha, e promoveu a concentração industrial a fim de aumentar a eficiência da indústria. Em 1947, mais de 200 mil organizações corporativas são controladas pelo Estado, e, por meio dele, por oligarquias militares outras.

Itália, Alemanha e Japão orientam-se, pois, para um capitalismo de Estado e uma economia dirigida para a guerra.

Não deve passar despercebido ao estudo dos fatos econômicos e sociais que no período entre as duas guerras se verificou uma inibição do socialismo como aporte de soluções aos problemas existentes. Só durante a Primeira Grande Guerra a social-democracia se uniria à burguesia dos citados países para fazer a guerra. Os movimentos socialistas perderam expressão diante da onda de regimes de direita e de esquerda radical que se apoderou do continente europeu no momento de crise. Há quem atribua tal inibição à falta de um programa de ação consistente por parte dos socialistas, bem como à divisão, no plano político, entre socialistas e marxistas, como por exemplo a que, na Alemanha, facilitou a ascensão do nacional-socialismo. Aponta-se o efeito negativo da imagem da União Soviética sob Stalin nessa divisão. A retração socialista poderia ser, porém, mais bem analisada do ponto de vista da incapacidade de o socialismo projetar-se num momento de crise, uma vez que seu programa de ação redistributivista pressupõe a existência de uma economia estável e crescendo a taxas suficientemente grandes para comportar um programa social dentro das regras do jogo democrático. Como se viu, tal não era a situação de 1917 a 1939, quando o capitalismo atravessava um período de estagnação econômica. Assim, a tendência do movimento socialista foi a de favorecer os conservadores, como no caso do apoio a eles dado pelos social-democratas alemães, e renunciar, assim, a um programa de reformas estruturais, e abrir espaço ao Gabinete Brüning em

1930, quando se optaria por uma política econômica fortemente impopular. A experiência do entreguerras ensinaria que o socialismo democrático depende de um volume razoável de acumulação e de taxas favoráveis de crescimento, razão por que somente floresce com o o próprio florescimento capitalista, não sendo, portanto, uma alternativa palpável nos momentos de crise do capitalismo. A mesma linha de raciocínio conduzirá a que o socialismo democrático nos países marxistas – que em muito se assemelha ao comunismo propriamente dito – venha a ter por pré-requisito uma forte acumulação e não possa, portanto, realizar-se a curto prazo.

Como superar a disparidade entre produção e consumo onde a expansão externa já não joga um papel preponderante? Indo ao encontro dessa preocupação, Perroux escreveria, em 1948:

> O desenvolvimento da demanda em profundidade, isto é, o ganho de camadas novas de consumo, oferece ainda grandes possibilidades, mesmo aos países mais desenvolvidos. Quanto aos países novos e aos países atrasados, são eles imensos reservatórios de demandas potenciais. A diminuição do ritmo de invenções no curso do século XIX não vai até o ponto de excluir as descobertas e seu emprego em setores importantes da indústria.[21]

O capitalismo posterior a 1945 procurou encontrar suas próprias soluções para o problema da demanda, lançando, para tanto, as bases para a ordem econômica em que atualmente o mundo se encontra. Contrariamente às soluções imperialistas do século XIX, que desmoronaram rapidamente no segundo pós-guerra, o capitalismo procurou valer-se de mecanismos novos, que não violentassem a soberania política de países, para promover a exportação de capitais excedentes, de bens e serviços, de tecnologia, e para assegurar o suprimento de produtos primários.

Esforços comunitários consubstanciaram-se na criação da Comunidade Européia do Carvão e do Aço, em 1953, da Comunidade Européia de Energia Atômica (Euratom) e da Comunidade Econômica Européia (CEE), ambos em 1958. A cooperação substituía o conflito armado no Velho Continente. A CEE visava ao esta-

---

[21] F. Perroux, *Le capitalisme*, Paris, Presses Universitaires de France, 1948, p. 97.

belecimento de um mercado comum e a uma reaproximação progressista da política dos Estados-membros. Tornou-se o mais importante mercado mundial, do ponto de vista do comércio internacional. Graças a ele, o produto nacional bruto (PNB) dos países europeus era, em 1960, superior em um terço ao de 1929, e a indústria havia dobrado a produção com relação ao pré-guerra. A taxa de crescimento do PNB logo alcançou 4% ao ano, dois terços dos quais graças ao aumento de produtividade, e um terço graças ao aumento da população produtiva. No período 1958-1961, a produção industrial dos Seis aumentou 30%, a dos Estados Unidos 15%, e a da Grã-Bretanha 6%. Contaminada a comunidade internacional pelo espírito comunitário, criar-se-iam, mais tarde, na periferia do sistema capitalista, entidades como a Associação Latino-Americana de Livre Comércio (ALALC) e a Comunidade e Mercado Comum dos Países do Caribe (Caricom – precedido de várias tentativas de associação), as quais teriam bem menor impacto na economia de seus países-membros que a CEE.

Da Conferência de Bretton Woods, realizada em 1944, sairia o arcabouço da ordem econômica internacional posterior à Segunda Grande Guerra. Estipulavam-se as taxas fixas de câmbio para conferir estabilidade ao comércio internacional; concordava-se na necessidade de eliminar as restrições ao comércio, incluindo-se aí a livre conversibilidade entre as moedas, lançava-se o embrião do General Agreement on Tariffs and Trade (GATT), foro destinado à discussão das concessões tarifárias e da eliminação das cotas de importação. O GATT estimularia a volta ao livre-cambismo, empenhar-se-ia em luta contra a discriminação tarifária e por cotas e em favor de um controle internacional daquelas já existentes. Criava-se também o International Reconstruction and Development Bank (IRBD), destinado, como o nome indica, a financiar o desenvolvimento internacional pelo maior fluxo de capital para os países em desenvolvimento, a partir de fundos provenientes de subscrições governamentais e flutuações de títulos no mercado de capital mundial. Ao International Monetary Fund (IMF) caberia ordenar o mercado cambial e fornecer empréstimos a curto prazo para ajudar os Estados-membros a resolver suas dificuldades de balanço de pagamentos. Em 1967, o Fundo estabeleceria os Direitos Especiais de Saque – visando, com isso, a conferir maior liquidez ao sistema financeiro internacional – que consistiram em concessões adicionais ao direito de saque a um determinado país. A International Development Agency (IDA) foi criada para fornecer empréstimos a longo prazo e juros baixos para os países em desenvolvimento. Além de tais órgãos, estabeleceram-se as agências especializadas das Nações Unidas, como a Food And Agriculture Organization (FAO), incumbida de lidar com questões técnicas relacionadas com alimentos e agricultura; a United Nations for Education, Sience and Culture (Unesco); e a WHO, para questões de saúde. Mas não somente no âmbito multilateral se instalava a nova ordem. A ajuda bilateral teria como precursora o America's Greek-Turkish Program, de 1947, e o Plano "Marshall", posto em prática de 1948 a 1952, destinados à reconstrução, com suprimentos americanos, das economias européias devastadas pelo conflito mundial. Nos Estados Unidos, criar-se-ia, em 1967, a Agency for International Development (AID), com o propósito de substituir várias agências envolvidas com a administração da ajuda externa norte-americana, atuando por meio da concessão de empréstimos de desenvolvimento, da administração de programas técnico-financeiros, e da distribuição de ajuda relacionada com a assistência militar norte-americana. Ainda nos Estados Unidos, criar-se-ia, em 1945, o Export Import Bank (Eximbank) para ajudar a financiar as exportações norte-americanas mediante linhas de crédito, quando essas exportações não pudessem fazer-se financiar adequadamente por meios privados. Em 1948, abrir-se-ia, na República Federal da Alemanha, o Kreditanstalt für Wiederaufbau, financiador de projetos de desenvolvimento a médio e a longo prazo, em condições favoráveis aos países recipiendários.

Nenhum desses novos instrumentos teve, porém, na economia mundial, impacto comparável ao das empresas multinacionais. As multinacionais datam do segundo cartel do século XIX, quando então surgiram em grande parte motivadas pelo *boom* tecnológico norte-americano. Na virada de século, tiveram maior dinamismo, concentrando-se na indústria extrativa mineral, uma vez que os países capitalistas adotaram a política de preservar seus próprios estoques. Foi, contudo, a partir da Segunda Grande Guerra, com a necessidade de reorganizar o mercado mundial num mundo em que o imperialismo era solução cada vez mais obsoleta, que as multinacionais começaram a expandir-se vertiginosamente. Caracteriza o universo das multinacionais[22] a predominância das empresas de grande porte, cujo montante de vendas atinge a casa das centenas de milhões de dólares. Cada uma das quatro maiores multinacionais obtém um volume de vendas maior que dez bilhões de dólares, e mais de duzentas ultrapassam o teto de um bilhão. Normalmente, provêm de países desenvolvidos. No cômputo geral, os Estados Unidos da América são o país-sede de um terço das multinacionais, ao passo que, se somados aos EUA a RFA, a França e o Reino Unido, a porcentagem eleva-se a dois terços. Entre 1950 e 1960, o número de afiliadas norte-americanas triplicou, e passou de 7 mil para 23 mil. O número de afiliadas das 187 principais multinacionais nos Estados Unidos aumentou 3,5 vezes no mesmo período. No caso inglês, o aumento foi de duas vezes entre 1945 e 1965. O crescimento das multinacionais japonesas e francesas foi enorme, ao passo que o das alemãs superou o índice norte-americano.

O crescimento do número de afiliadas no exterior fez-se acompanhar de um incremento dos investimentos diretos e acúmulo no estoque de investimentos diretos. Nas décadas de 1960/1970, o fluxo de investimento de treze países-membros da Organização e Cooperação para o Desenvolvimento (OCDE) elevou-se de 2,9 para 7,9 bilhões de dólares ao ano. De 1971 a 1976, os investimentos diretos passaram de 158 para 278 bilhões, tendo sido registrado, portanto, um aumento de 82%. Entre 1960 e 1971, o valor registrado de investimentos diretos dos Estados Unidos cresceu de 33 para 86 bilhões de dólares; o do Reino Unido, de 12 para 24 bilhões; o do Japão, de 300 milhões para 4,5 bilhões de dólares; o da Alemanha, de 750 milhões para 7,3 bilhões em 1971. Houve, portanto, maior dinamismo das multinacionais alemãs e japonesas. Seus países-sedes, ou seja, Alemanha e Japão, e ainda a Holanda e a Suíça, têm aumentado sua participação no total de investimento multinacionais. A maior concentração de subsidiárias de multinacionais está nos países desenvolvidos, tendência que se reduz com o tempo. Cerca de dois terços do capital investido concentra-se nessa área. Em meados da década de 1970, a proporção

---

22 Veja-se a publicação *Transnational Corporations in World Development: a Re-Examination (Nações Unidas)*, 1978.

era de 3/4. A produção industrial é, no presente, a principal atividade das multinacionais. Ela representa pouco mais de 40% do total estimado do estoque de investimentos no exterior das economias desenvolvidas.

A grande importância e o constante crescimento das multinacionais são claramente percebidos quando se observa o contexto econômico em que se inserem. Muitas multinacionais produzem rendas superiores a muitos PNBs de países em desenvolvimento. O valor agregado pelas dez maiores multinacionais é maior que o PNB de mais de oitenta países. O valor agregado por todas as multinacionais, estimado em aproximadamente US$ 500 bilhões em 1971, foi de cerca de um quinto do produto mundial bruto, excluídas as economias socialistas. Em 1976, o valor agregado excluindo o comércio intrafirmas foi de US$ 670 bilhões.

A produção internacional, definida como produção sujeita a controle ou a decisão externa e medida pelas vendas das afiliadas multinacionais, ultrapassou o comércio como principal veículo de intercâmbio na economia internacional. Estima-se que a produção internacional atingiu aproximadamente US$ 330 bilhões em 1971, enquanto as exportações totais de todas as economias de mercado foram equivalentes a US$ 310 bilhões. Estima-se ainda que a taxa de crescimento da produção internacional superou as taxa dos produtos nacionais do mundo.

A partir da década de 1970, o modelo capitalista do pós-guerra, que funcionara nos anos de 1950 e 1960 num contexto de crescimento econômico e de relativa estabilidade internacionais, passou a evidenciar suas próprias contradições, que, em última análise, decorrem da "contradição fundamental do capitalismo". Verificou-se um aumento da diferença entre as taxas de crescimento dos países ricos e as dos países pobres. Segundo Griffin, entre 1960 e 1973, a taxa de crescimento do produto *per capita* nos países em desenvolvimento foi de 3,3%, enquanto nos desenvolvidos foi de 3,7%, ou seja, os países que em 1960 eram relativamente ricos cresceram mais depressa que os países relativamente pobres. O sistema de mercado como que mantém e acentua as desigualdades na distribuição de renda em nível internacional. No mesmo período, os países do Terceiro Mundo, divididos em quatro categorias (produtores de petróleo e de renda mais alta, média e baixa), cresceram a taxas de 4,9; 3,9; 3,2; 1,2%. A presente ordem acentua, pois, a desigualdade. A participação dos países em desenvolvimento nas exportações mundiais caiu de 31,2%, em 1950, para 17,4% em 1972, enquanto a dos países ocidentais desenvolvidos aumentou de 60 para 72,3% no mesmo período. A participação do comércio de primários no comércio mundial está caindo, e a participação dos países em desenvolvimento no comércio de primários também está caindo, em virtude da demanda restrita e do protecionismo. Dos investimentos maciços nas reservas mundiais no período 1970/1975, 95% foram realizados nos países desenvolvidos, e somente 3% nos em desenvolvimento. Esses investimentos formam o triplo do total de assistência da OCDE aos países em desenvolvimento. Entre 1961 e 1975, cresceu a ajuda dos países da OCDE em apenas 0,7% ao ano, enquanto seu PNB cresceu 80% no mesmo período. Conclui Griffin: "Na verdade, a demanda por uma nova ordem econômica internacional é uma demanda pela redistribuição de poder – político e econômico –, como também uma demanda por uma redistribuição de renda".[23] E, numa passagem muito expressiva:

> ...as mesmas forças econômicas que operam em nível mundial também operam nas economias da maior parte dos países subdesenvolvidos, e os resultados são largamente similares, isto é, uma larga concentração de renda e riqueza (...) Para que as reformas internacionais tenham impacto favorável sobre a pobreza, parece igualmente claro que elas devam ser complementadas por reformas nos países subdesenvolvidos destinadas a assegurar que os benefícios dos sistemas de produção e distribuição sejam recebidos primariamente pelos mais necessitados.[24]

Registre-se, a propósito, que a população mundial entre 1900 e 1950 aumentou de 900 milhões para 2,5 bilhões; entre 1950 e 2000, foi estimado aumento de mais 3,5 bilhões, foi também estimado que o Ocidente industrializado teria no fim do século apenas 20% da população mundial.

---

[23] K. Griffin, *International inequality and national poverty*, Nova York, Holmes & Meier Publishers, 1978, p. 111.

[24] *Idem, ibidem*, p. 115.

Se nos anos imediatamente posteriores ao conflito mundial houve espaço para altas expectativas de contínua expansão, progresso social e transferência de benefícios dos ricos para os pobres dentro da ordem existente, e os subdesenvolvidos conheceram taxas de desenvolvimento altas apesar do *gap* crescente; a partir de 1970 a ordem internacional implantada no pós-guerra começou a revelar alguns entraves ao desenvolvimento em face da persistência dos bolsões de miséria, da explosão demográfica, do aumento da taxa de desemprego, até mesmo de recursos humanos treinados, do aumento da dívida externa. Os países subdesenvolvidos, na periferia do sistema capitalista, começaram a experimentar um sentimento de impotência em matéria de relações econômicas internacionais – quem as controla? Para benefício de quem operam? Houve, conseqüentemente, um surto de protecionismo para defesa de emprego interno e uma dificuldade de acesso de manufaturas ao mercado desenvolvido. Uma nova ordem econômica internacional passou a ser o objetivo dos países em desenvolvimento, que procuram definir as condições conducentes a seu desenvolvimento e ganhar controle sobre seus destinos, rejeitando a visão centro–periferia e visando a sua soberania econômica.

O quadro financeiro internacional é de crônico endividamento, senão mesmo de insolvência, o que põe um risco a continuidade do fluxo de capital dos países desenvolvidos para os em desenvolvimento. Em 1981, a América Latina obteve cerca de 20 milhões de dólares em novos empréstimos do Banco Internacional para Reconstrução e o Desenvolvimento (Bird) – assinala o relatório preparado para a Assembléia Anual de 1982 (Toronto), mas teve de desembolsar 22 milhões somente para o pagamento de juros de dívidas anteriores. O México esteve em vias de cessar o pagamento de sua dívida externa, que é de aproximadamente 80 bilhões de dólares. Os bancos internacionais enfrentavam as renegociações de 60 bilhões desse total, além de 14 bilhões do total da dívida polonesa, e de 36 bilhões do total da dívida argentina. Até março de 1982, a América Latina mantinha empréstimos externos de 185 bilhões de dólares contra 55,7 bilhões do Leste Europeu. Boa parte do endividamento deve-se a que a formação bruta do capital fixo não se faz com o capital, mas sim com o crédito. E não se faz com o capital porque não há demanda suficiente para a capitalização.

Até meados de 1982, 26 países estavam em atraso em sua dívida externa. Já no fim de 1981, os bancos começavam a restringir os empréstimos de alto risco aos países do Terceiro Mundo. Passaram a emprestar a prazos mais curtos e a taxas de juros mais altas e variáveis, e ameaçam cortar o crédito a todos os inadimplentes. Há uma espiral creditícia deflacionária, que acompanha a recessão geral. Tão grande é a dependência, que um aumento de 1% nas taxas de juros dos bancos ocidentais aumenta de 20 bilhões de dólares a dívida total dos 120 países do chamado Grupo dos 77.200 bilhões da dívida dos países subdesenvolvidos são do Brasil, México e Argentina, precisamente os três maiores países do Terceiro Mundo e os que absorveram mais investimentos multinacionais. Do total da dívida, 400 bilhões em 1981 e 466 em 1982 são dos países importadores de petróleo. O Brasil deve 71 bilhões; México, os 80 bilhões já citados; Argentina, 36 bilhões; Venezuela, 19 bilhões; Chile, 15 bilhões; Peru, 10 bilhões; Costa Rica, 2,6 bilhões. Brasil, México, Índia, Argentina, Indonésia, Argélia, Coréia, Iugoslávia, Paquistão, Egito, Irã representam 60% da dívida do Terceiro Mundo.

Essa crise é em boa medida o resultado da política de endividamento que o Terceiro Mundo pôs em prática a partir da implantação da ordem econômica do pós-guerra. Em muitos países, o pagamento dos juros e das amortizações da dívida externa anula ou supera o ingresso de divisas com as exportações de bens e serviços e com novas importações de capitais. Esse estrangulamento, embora apontado pelos economistas já há muitos anos, só agora efetivamente ocorre, quando a elevação das taxas de juros e a corrente recessão internacional (de que se tratará mais adiante), que domina o panorama econômico desde 1973 e, com mais ênfase, desde 1976, coloca dificuldades às exportações dos países em desenvolvimento (por meio da queda da propensão a importar dos países desenvolvidos em recessão e da prática, por estes, de uma política fortemente protecionista), o que tornou mais agudo o problema da amortização da dívida externa.

Conscientes da gravidade da situação para o sistema capitalista como um todo, os países desenvolvidos afirmaram:

> ...é nosso interesse tanto quanto dos países em desenvolvimento que os países em desenvolvimento cresçam, floresçam e desem-

> penhem um papel integral no sistema econômico internacional compatível com suas capacidades e responsabilidades, e se tornem mais estreitamente integrados nele.[25]

E Gaston Thorn, presidente da CEE, admitiu: "Não é necessário um grande debate para compreender que os países pobres morrerão antes de termos visto o fim da crise, e que a morte deles acarretará a nossa ".[26]

Nesse contexto de crise, as instituições que surgiram com a ordem econômica internacional do pós-guerra se tornaram ineficazes para ajudar as economias dos países do Terceiro Mundo a soerguerem-se. O GATT luta impotentemente contra a onda protecionista que assola o comércio internacional. Os recursos do Fundo Monetário Internacional (FMI) tornam-se escassos diante das grandes obrigações financeiras e da elevada carência de recursos dos países em desenvolvimento, e o mesmo poder-se-ia dizer do Bird. Além do mais, queixam-se os países em desenvolvimento de que as estruturas normativas no seio desses organismos é tal, que há uma concentração de poder decisório nos países desenvolvidos.

O transnacionalismo, por sua vez, revelou-se contraditório em seus efeitos sobre os países recipiendários do investimento. Os países em desenvolvimento expressaram crescente preocupação com o impacto das multinacionais em seu tecido político, econômico e cultural. Passaram a desejar maior controle das atividades das multinacionais, a fim de que essas fornecessem tecnologia que levasse em conta as condições locais (como as tecnologias intensivas de mão-de-obra em países com grande desemprego) e cessassem sua relutância em transferir tecnologia completa. Incomoda-os o fato de as multinacionais estimularem o consumo dos grupos de renda alta, transmitirem modelos de desenvolvimento que não satisfazem os requisitos sociais e econômicos, assim como o fato de tais países ficarem continuamente dependentes de tecnologia, bens de capital e serviços de terceiros países. Consideram igualmente

---

[25] Declaração da Conferência de Cúpula dos Países Industrializados realizada em Ottawa, em 21 de julho de 1981.

[26] S. Schwoebel, "A selva monetária", citando Gaston Thorn. Publicado no *Jornal do Brasil*, edição de 24 de janeiro de 1982.

perniciosa a escolha que as multinacionais fazem de produtos, padrões de consumo e estilos de vida, o que vêem como uma erosão da identidade e de propósitos nacionais. Em conseqüência, as multinacionais têm sido excluídas de alguns setores, como imprensa, televisão, energia, serviços públicos e serviços em geral, comércio por atacado e varejo e certas indústrias básicas. Procura-se imprimir maior confiança na ação do Estado em produção e serviços básicos. Em alguns países, estabeleceu-se que as multinacionais seriam minoritárias, ou formariam *joint ventures*; em alguns casos, busca-se a diversificação de investidores, a redução gradual de investimentos estrangeiros em níveis apropriados, a prévia escrutinação dos investimentos. As multinacionais operam a longo prazo concentração de capitais, apesar da inicial disseminação e da internacionalização da produção delas. A economia internacionalizada é de caráter oligopolista e é menor apenas que as economias nacionais dos Estados Unidos e da União Soviética. As multinacionais tendem a criar formas mais complexas de relacionamento entre a ordem econômica e a ordem política, a qual precisa valer-se de instrumentos outros além das políticas econômicas tradicionais e das simples soluções de soberania.

As multinacionais são a longo prazo ambíguas quanto a seus efeitos sobre expansão da renda e do produto, ao aumento das exportações (em muitos casos as matrizes mantêm políticas restritivas com relação à expansão das exportações das subsidiárias), ao nível tecnológico, de emprego, de *know-how* gerencial, da poupança externa, do emprego (o fechamento de fábricas locais já é causa de desemprego). Têm reflexos negativos na política monetária (pela autonomia financeira de que dispõem), na distribuição de renda, uma vez que, como se notará adiante, demonstram tendência à elevação de preços. Seus objetivos privados de lucro muitas vezes conflitam com os objetivos públicos de bem-estar social. A extraterritorialidade das multinacionais tem causado problemas políticos. São pouco eficazes no setor de saúde, alimentação e nutrição. Tendem a burlar a legislação dos países recipiendários sobre retorno dos lucros mediante negócios intrafirmas, isto é, entre as matrizes e as subsidiárias, no qual são estipulados em níveis acima do mercado os preços de transferências de patentes, licenças, *know-hows*, *trademarks*, e no qual as matrizes superfaturam o preço de suas exportações e subfaturam o preço de suas importações. O conflito pela apropriação da renda entre o capital e o trabalho, e a tentativa dos monopólios de aumentar suas fatias do bolo nacional têm um efeito substancial sobre o mecanismo da atual inflação mundial. A insistência em maximizar os lucros dos monopólios – juntamente com a luta dos sindicatos dos países desenvolvidos para manter suas parcelas da renda nacional – força as companhias multinacionais a aumentar os preços de suas exportações para os países em desenvolvimento, especialmente no que diz respeito às transferências de tecnologia, e, conforme a Comissão Brandt, grande parte desse aumento de preços ocorre dentro do comércio realizado pelas companhias multinacionais, entre a matriz e suas filiais; esse comércio intrafirmas é responsável por mais de 30% do comércio exterior das transnacionais.

Enfim, o governo dos países recipiendários tem sido obrigado a aceitar um crescente *trade-off* em termos políticos, econômicos e socioculturais. Conforme colocou Levinson a questão:

> A expansão das atividades multinacionais, e, por conseqüência, das transações financeiras internacionais, é indiscutivelmente uma das mudanças estruturais mais significativas da economia moderna. Em face dessa concentração de poder, a capacidade do Estado-nação de gerar seu próprio sistema econômico é posta em questão. Embora continue a reinar, o Estado-nação parece não mais governar. Ele domina cada vez menos sua economia, como o demonstram, por exemplo, seus esforços desesperados para controlar a inflação. Ele corre o grande risco de sucumbir ao curso de uma regressão lenta mas ininterrupta.[27]

Não são, porém, apenas os países recipiendários os que se ressentem das multinacionais. Nos países-sedes, os sindicatos revelam-se preocupados com a fuga de capitais e muitas vezes pedem medidas tributárias que impeçam tal fuga. Os governos estão igualmente preocupados com a evasão de capitais, de investimentos e de tecnologia. Têm procurado desenvolver uma política de escrutinação do investimento, do ponto de vista dos benefícios para

[27] C. Levinson, *L'inflation mondiale et les multinacionales*, Paris, Éditions du Seuil, 1973, pp. 120-121.

os países-sedes, e revelam uma tendência recente a introduzir tratamento menos favorável às corporações multinacionais. Por outro lado, os países desenvolvidos costumam ser, além de países-sedes, recipiendários de multinacionais, o que os torna vulneráveis diante das multinacionais instaladas em seu território. A lógica da expansão das firmas multinacionais tende a chocar-se com a lógica do poder nacional dos países onde tais empresas têm sede. Assim, as filiais norte-americanas de materiais de transportes pressionaram para que fosse suspenso o embargo oposto por Washington à exportação, para Cuba, de produtos fabricados por firmas norte-americanas. Mais recentemente, o embargo decretado pelo governo norte-americano às exportações por parte de multinacionais norte-americanas de bens destinados ao gasoduto de Urengoi revela com nitidez as disparidades de interesses que muitas vezes existem entre o governo de um país e as multinacionais nele sediadas.

Vista do ângulo dos países desenvolvidos, as contradições da atual ordem econômica culminaram na *estagflação*, termo cunhado para designar a corrente onda de desemprego e a queda do produto associada a uma elevada inflação. A extensão da crise, desde 1974, parece indicar que o capitalismo não atravessa mais um de seus ciclos decenais, mas uma profunda crise, como a de 1930. Tratar-se-ia de um distúrbio estrutural na economia mundial, e não de um mero fenômeno recessivo. O desemprego veio tendo ascensão lenta, mas persistente, até ultrapassar o índice de desemprego de 1930. Todo o conjunto de países capitalistas avançados tinha, em 1982, 30 milhões de desempregados. O produto dos Estados Unidos, da França, do Reino Unido, da Alemanha e do Japão, principais economias capitalistas, decaiu. Os gráficos a seguir mostram a evolução dos PNBs desde 1973 e do desemprego desde 1978.

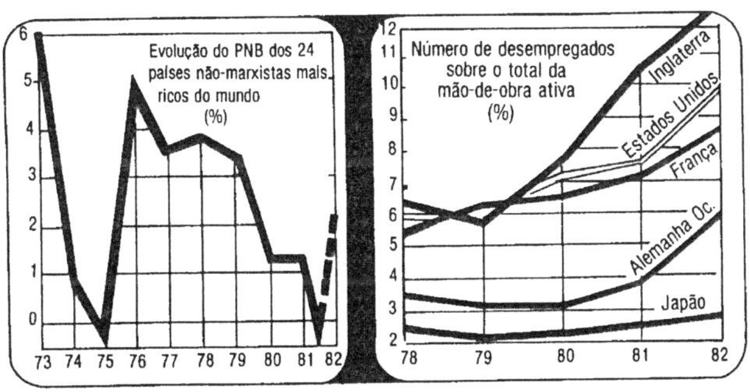

Muito se tem especulado sobre as causas da *estagflação*. Sabe-se que os gastos governamentais em excesso nos programas sociais perpetuam o desemprego e a ineficiência, porque propiciam consumo sem a contrapartida da produção. Criticam-se especialmente os dispêndios com subsídios diretos e os gastos do sistema tributário que subtrai recursos ao investimento produtivo. A partir dos anos 1930, cresceu tanto a participação do Estado na economia, tornou-se tão abundante e complexa a regulamentação da livre iniciativa, subiu tão descontroladamente a carga tributária, que a oferta de bens e serviços passou a distanciar-se, em ritmo crescente, da demanda, o que é uma outra forma de descrever o processo inflacionário. O uso e o abuso de políticas keynesianas teriam assim levado a uma crônica e crescente defasagem entre o crescimento da demanda e o necessário aumento correspondente da oferta, conforme a lógica da inflação com recessão discutida no capítulo 5.

Porém, não é apenas o excesso da aplicação dos remédios keynesianos o responsável pelo aumento da demanda sem a contrapartida da produção, ou seja, do consumo improdutivo. No capítulo 5, abordou-se como o consumo improdutivo, isto é, o consumo daqueles não diretamente empregados na produção de bens e serviços, e sim no lado administrativo e circulatório da economia, gera desemprego com inflação e retardamento da produção. A *estagflação* seria, assim, mais uma faceta das contradições capitalistas. Meios de produção e mão-de-obra são cada vez mais destinados a atender às necessidades do consumo improdutivo e do consumo supérfluo, ou seja, de bens superiores a expensas do consumo produtivo. Em conseqüência do aumento da demanda por tais meios, estão eles submetidos a uma contínua *inflação*. Por outro lado, o mesmo aumento do consumo improdutivo e supérfluo que acarreta essa demanda excedente sobre os insumos produtivos retarda a acumulação capitalista, reduzindo, pois, em seu total, a demanda de mão-de-obra e causando, assim, desemprego, desemprego esse que não se evidencia nos períodos de guerra, e sim nos de paz, quando largos contingentes são desmobilizados. Tem-se, portanto, que a *estagflação* é uma conseqüência dos remédios de que o capitalismo se valeu no passado para superar suas tendências à falta de "realização" do produto e à queda da taxa de lucros, ou, em linguagem keynesiana, para superar suas tendências à insuficiência da demanda e à eficiência marginal do capital decrescente.

A pergunta que se coloca é, então: as correntes estruturas ainda favorecem a expansão do capitalismo? Que novos mecanismos de ajustamento encontrará o capitalismo para contornar suas contradições intrínsecas e para garantir sua continuidade como sistema econômico?

Capítulo 8

O reformismo marxista

No capítulo 6, afirmou-se que o marxismo positivado perdeu seu caráter evolucionário e adotou postura imobilista diante dos pensamentos e das ações preocupados em dar curso ao processo social marxista por uma linha de reforma.

Evidência disso é que, decorridos 64 anos do triunfo da Revolução de Outubro de 1917, diversos cismas procuram conquistar espaço dentro do universo marxista, tendo em comum o distanciamento do marxismo oficial de linha soviética e a discordância em relação ao fato de haver apenas um único modelo de socialismo e de revolução socialista. A excomunhão da Iugoslávia pelo Bureau de Informação dos Partidos Comunistas (Cominform) em 1948, os movimentos da República Democrática da Alemanha em 1953, na Hungria e na Polônia em 1956, na Tchecoslováquia em 1968, novamente na Polônia em 1970, 1976 e a partir de 1980 são alguns dos episódios relacionados com esse reformismo. Em diversos países marxistas, surgiram ainda movimentos dissidentes, quase sempre em nome do marxismo. O marxismo teórico passou, portanto, a ser mais do que um anticapitalismo, abrangendo um esforço de transformação nas próprias sociedades marxistas e conferindo significado mais amplo à afirmação de Brzenzisky de que "o marxismo expandiu a percepção popular de si mesmo, despertando as massas para uma preocupação intensa com a igualdade social e dando-lhes uma justificativa tanto histórica como moral para insistir nisso".[1] O presente capítulo ensaiará um exame do reformismo marxista e de suas proposições.

Cada faceta de reformismo procura oferecer alternativas para os dilemas do marxismo positivado, tendo como ponto de referência o soviético, ou para pô-lo em dia com os fatos sociais, embora esse esforço mesmo acarrete uma série de problemas práticos ou teóricos. Se o marxismo histórico é, conforme se afirmou anteriormente, científico quanto ao capitalismo e utópico em sua concepção do comunismo, a busca pelo reformismo marxista do reencontro com o marxismo histórico é necessariamente impregnada de utopia, o que, não obstante, não invalida esse empenho reformista, pois toda reforma também se nutre de utopia. Em defesa do realismo socialista, S. Popov manifestou:

> ...uma sociedade socialista desenvolvida foi estabelecida na União Soviética, e a construção de tal sociedade está progredindo com sucesso em alguns outros países socialistas. Mas quando os revisionistas de direita olham para o majestoso edifício do socialismo, apenas vêem falhas, arranhaduras e imperfeições individuais. Eles disso fazem estardalhaço, gritando histericamente que esse não é de modo algum um edifício socialista, que melhor seria não construí-lo ou, caso ele tenha de ser construído, outros modelos deveriam ser usados. Mas construir o socialismo de acordo com as receitas revisionistas seria equivalente a erigir um edifício sem um alicerce e sem um plano. "Humanizar" o socialismo de acordo com os projetos revisionistas significaria reduzir o edifício do socialismo a um montão de escombros.[2]

Defendendo a liberdade de interpretação marxista, vozes como Enrico Berlinguer levantaram-se para clamar:

> ...o desenvolvimento na elaboração do marxismo não caminhou *pari passu* com as grandes transformações da realidade do mundo contemporâneo, com as diferentes experiências de luta e de edificação socialista, e com a práxis política. Nesta, especial-

---

[1] Z. Brzezinski, *Entre duas eras*, 1971, p. 81, ver cap. 7, nº 1.

[2] S. M. Popov, *Socialism and humanism*, traduzido do russo por David Skivirsky, Moscou, 1977, p. 161.

> mente, se limita ao uso de formulações estereotipadas, a batalhas de citações ou a etiquetar de modo arbitrário como revisionista em um ou em outro sentido todas as posições diversas da própria.[3]

Ou, com ênfase ainda maior:

> Tentar explicar todas as divergências como "desvios" de uma pureza doutrinária, da qual não se sabe bem quem deveria ser o depositário, significaria na realidade não só exasperar as próprias divergências, mas fechar-se a estrada à compreensão das razões objetivas, dos reais interesses que estão na origem.[4]

Marcando uma inconformidade com o centralismo e o totalitarismo, o eurocomunismo de Berlinguer e de outros prega comunismo com democracia e pela democracia, e tem como principais igrejas os Partidos Comunistas da Itália, da Espanha e da França. Os círculos reformistas e dissidentes da Europa Oriental viram no eurocomunismo um sinal auspicioso rumo à democratização naquela área, e mantiveram-se na expectativa de que iria operar na irradiação marxista uma mudança de sentido, o qual passaria de Leste-Oeste para Oeste-Leste. George Marchais, do PCF, definiu o eurocomunismo como a "convicção profunda de que, fora da via democrática, o socialismo em nossos países não é possível".[5] Conforme explicita a famosa declaração franco-italiana de 1975, existem problemas típicos dos países capitalistas, e na Europa o socialismo é a fase superior da democracia e da liberdade. Assim, o eurocomunismo procura conciliar a transformação das estruturas com a formação e a experiência democrática da Europa Ocidental. Berlinguer manifestou:

---

[3] S. Segre, "La questione dell' eurocomunismo", *Le transformazioni del comunismo italiano*, citando Enrico Berlinguer, editado por Antonio Lombardo, Milão, Rizzoli Editore, 1978, p. 70.

[4] B. Valli, *Gli eurocomunisti*, 1976, p. 36, citando Enrico Berlinguer, ver cap. 6, nº 5.

[5] *Idem, ibidem*, p. 8, citando George Marchais.

> Nós rejeitamos a idéia de que possa existir um modelo de sociedade socialista único e válido para todas as situações. Não se trata somente de particularidades nacionais que deveriam juntar-se às leis gerais do desenvolvimento da revolução socialista e da edificação da sociedade socialista. Na verdade, as mesmas leis gerais do desenvolvimento da sociedade, os mesmos interesses essenciais e universais da revolução socialista não existem em estado puro, mas sempre e somente em realidades particulares, historicamente determinadas e não-repetíveis.[6]

Assumindo, por outro lado, uma posição contrária ao que denomina de "satelização" e "hegemonismo soviético", ostenta o eurocomunismo um perfil nacionalista e independente com respeito ao Partido Comunista da União Soviética. Foi ainda Berlinguer quem, sublinhando esse aspecto do movimento, o definiu como "a procura de uma via nacional ao socialismo".[7] O eurocomunismo rompeu também com a noção de ditadura do proletariado, em coerência com a via democrática que preconiza e com o fato de que o próprio desenvolvimento do capitalismo, sua sofisticação científica e tecnológica, situam o proletariado no círculo muito mais amplo, embora concêntrico, de assalariado. Fazendo seu o conceito gramsciano de "bloco histórico", sustenta que já não se pode falar de hegemonismo do proletariado, mas de hegemonia da força de trabalho, que constitui a grande maioria da população em cada um dos países europeus e já fornece a base para uma transformação democrática da sociedade. Finalmente, é um comunismo que se proclama não-revolucionário.

O eurocomunismo evoluiu de várias ações soviéticas que pontilharam a história do comunismo internacional desde 1917. Uma delas foi a constatação de que a IV Internacional Comunista (Comintern) criada em 1947 por Stalin, apresentava-se essencialmente como um instrumento de sua política exterior no limiar da Guerra Fria, enquanto a III Internacional Comunista, fundada em 1919 e extinta em 1943, tinha por objetivo oficial a revolução proletária internacional. Notável influência na gestação do eurocomunismo tiveram a ocupação da Hungria em 1956 e a da Tchecoslováquia

---

6 *Idem, ibidem*, p. 36, citando Enrico Berlinguer.

7 *Idem, ibidem*, p. 8, citando Enrico Berlinguer.

em 1968, esta última ocupação, sem dúvida, uma das principais determinantes da formação do bloco eurocomunista, uma vez que a Tchecoslováquia em 1968 apresentava, no entender dos atuais eurocomunistas, características de um país desenvolvido que, por sua estrutura socioeconômica, se encontrava pronto para um socialismo distinto, democrático, não necessariamente à imagem do soviético. Os eurocomunistas mais tarde manifestariam acreditar que, fosse deixada à Tchecoslováquia a possibilidade de desenvolver-se, ter-se-ia o primeiro centro, o primeiro modelo de socialismo numa sociedade desenvolvida, o que se procurou conscientemente impedir com a intervenção armada de 1968. Elementos também importantes foram a reabilitação da Iugoslávia em 1956, à qual a União Soviética reconheceu o direito a uma trilha própria ao socialismo, assim como o conceito de policentrismo desenvolvido por Togliatti, em oposição ao unicentrismo do Partido Comunista da União Soviética. Como a justificar o policentrismo, o número de afiliados aos partidos comunistas crescera, na China, de 40 mil em 1937 para 2 milhões em 1947; na Itália, de 5 mil em 1943 para 2 milhões em 1946; na França, de 300 mil em 1939 para 1 milhão em 1946; na Grécia, de 17.500 em 1935 para um verdadeiro exército em 1944.[8]

O eurocomunismo não representa uma quebra de compromisso com a internacionalização do socialismo. Justamente por seu caráter reformista, é dialético e, conquanto represente uma ruptura doutrinária com o marxismo histórico e principalmente com o marxismo de tipo soviético – com o qual não conseguiu reconciliar-se na Conferência dos Partidos Comunistas Europeus realizada em Berlim em 1976, quando se procurou abrir horizontes mais amplos na luta pelo socialismo – pode efetivamente significar, como querem os eurocomunistas, que pelas distintas vias nacionais haveria uma convergência comunista, na medida em que o respeito às peculiaridades de cada caso fortalecesse o movimento global, que poderia encontrar maior coerência e maior unidade na própria diversidade. Vem ao encontro dessa tese a suspeita capitalista de que o eurocomunismo nada mais seria do que uma tática de tomada do poder, procurando adaptar-se às especificidades da Europa Oci-

[8] *Idem, ibidem*, p. 16.

dental, por meio da superação das divergências entre os comunistas, os socialistas e os social-democratas, e mesmo sua aglutinação em torno de um denominador comum, que terá sido, na França recente, por exemplo, François Mitterrand. O eurocomunismo, assim, não seria senão uma tentativa de obter a anulação da cláusula *ad excludendum* que o pluralismo constitucional do Ocidente aplicou ao comunismo. Nutrem tal suspeita o monolitismo, o centralismo dos partidos eurocomunistas, que não se regem pelo pluralismo, mas onde, ao contrário, todos se subordinam à cúpula com o propósito de obter unidade de pensamento e de ação. Alega-se que, sendo o partido comunista o microcosmos de uma sociedade comunista, é difícil prever como um partido centralizador possa desdobrar-se numa sociedade politicamente diversificada. Há uma "linha de partido", dogmática, a exibir autoridade e a exigir obediência, a suprimir dissensões e a excomungar dissidentes. Invoca-se também que o programa comunista implica transformação linear da sociedade, e o corolário institucional de tal princípio doutrinário é a introdução de câmbios que tornariam permanente sua ocupação do poder. Afirma-se que a incógnita não está tanto em se os eurocomunistas se dispõem a chegar ao poder pela via democrática, mas em como eles se conduziriam no poder de modo democrático, ou, usando a expressão de Kissinger, como "salvaguardariam a liberdade que poderia transformar-se em instrumento de sua futura derrota".[9] O eurocomunismo esbarra crescentemente na evidência de que o pluralismo constitucional da Europa Ocidental não é formal e genérico, mas de conteúdo político democrático-burguês e tende, assim, a repelir, por todos os meios, a ascensão dos comunistas ao poder dentro do princípio de que o "comunismo no poder jamais será um leal gestor da sociedade capitalista".[10]

A autogestão representa a via iugoslava ao socialismo. Com ela, a Iugoslávia procura conciliar socialismo com democracia – como os eurocomunistas –, economia planificada com economia de mercado, e manter-se eqüidistante dos regimes pluralistas constitucionais do Ocidente e dos regimes de partido único do Leste. Pro-

---

[9] H. Kissinger, "I Partiti Comunisti nell'Europa Occidentale: Sfida all'Occidente", *apud* S. Segre, *op. cit.*, p. 87.

[10] L. Pellicani, "L'alternative impossible", *apud* S. Segre, *op. cit.*, 1978, p. 87.

clama ser a autogestão o verdadeiro socialismo, uma vez que se calca no controle social, e não no estatal, dos meios de produção, o que constitui a base da verdadeira democracia. No que concerne aos objetivos democráticos, sustentam os teóricos da autogestão que ela amplia o campo da liberdade individual ao estimular a deliberação dos trabalhadores sobre as questões pertinentes à unidade de produção em que operam, bem como sua própria condição de membros desta. Portanto, o corpo social passa a exercer diretamente seu direito de escolha, em vez de fazê-lo por pessoas ou grupos interpostos, como acontece, para os iugoslavos, nas democracias ocidentais. Do ponto de vista econômico, a autogestão é defendida por absorver uma liberdade de mercado controlada, com o que se procura beneficiar a produtividade e a eficiência das empresas e da economia como um todo. O sistema de preços interempresariais é estabelecido pelas forças de mercado. O Estado intervém para regulá-lo sempre que o determinam os interesses da sociedade. Com relação à questão partidária, mantêm os teóricos da autogestão que o partido, no caso a Liga dos Comunistas da Iugoslávia, existe basicamente para garantir a transição da sociedade no sentido da plena autogestão. O partido representa, portanto, o parâmetro político, de origem revolucionária, que é o socialismo democrático autogerido e sua implantação. Aceito o postulado, a cada iugoslavo, sempre conforme a doutrina, assegura-se o direito de escolha em tudo que se relaciona com sua condição de membro da sociedade. Pretende, assim, a Iugoslávia uma separação das condições existentes no monopartidarismo do Leste Europeu, estatizante e centralizador, assim como daquelas dos regimes pluralistas constitucionais do Ocidente, que a doutrina iugoslava vê corrompidos pela manipulação de uma minoria por detrás de uma fachada democrática.

Na linha autogestora está também Roger Garaudy,[11] expulso do Partido Comunista Francês por sua atitude de frontal oposição ao estalinismo e à ocupação da Tchecoslováquia em 1968. Seu conceito de "bloco histórico" coincide com o que deriva do de abolição da ditadura do proletariado pelos eurocomunistas. A um só tempo inconformado com as injustiças sociais do capitalismo e

[11] R. Garaudy, *L'alternative*, Paris, Éditions Robert Laffont, 1972, cap. III.

com a opressão política dos países comunistas, Garaudy procura estimular um tipo de ação de base que se valha da sindicalização maciça dos trabalhadores de todos os níveis como ponto de partida de suas reivindicações e, por extensão, da tomada de decisão nas empresas e na sociedade; uma espécie de luta econômica, e não política, cujo alvo é o verdadeiro socialismo encarnado na autogestão dos meios de produção. Uma revolução feita pela própria classe trabalhadora conscientizada, e não por elites em seu nome.

O socialismo autogestionário iugoslavo tem acusado o marxismo soviético de tentar impor o dilema "nós ou eles" e de agir contrariamente aos princípios adotados na Conferência de Berlim. Assim como os eurocomunistas, os socialistas iugoslavos defendem o princípio de independência e soberania dos países comunistas, bem como a responsabilidade de cada partido perante sua própria classe trabalhadora e o povo em geral. Há, assim, em comum, uma rejeição da autoridade soviética e uma resistência a suas pressões. Em outubro de 1979, houve reação de descontentamento na imprensa iugoslava contra declarações da liderança soviética condenatórias do eurocomunismo, as quais foram então qualificadas como mais um exemplo de tentativa soviética de ingerência em assuntos do Ocidente. O regime iugoslavo vem, contudo, desde 1971, levantando reação desfavorável entre os eurocomunistas pela perseguição aos dissidentes, no esforço de reafirmar o controle político centralizado. Algumas divergências doutrinárias também separam os eurocomunistas dos socialistas iugoslavos, como a defesa do pluralismo político pelos primeiros em contraste com o do sistema de partido único pelos segundos, embora o princípio iugoslavo da autogestão reforce a defesa, pelos eurocomunistas, do socialismo com democracia, e embora os eurocomunistas costumem fazer concessões no sentido de conceber o sistema de partido único como consentâneo com a realidade política atual da Iugoslávia, a qual necessita amalgamar os múltiplos interesses dos vários grupos e etnias sociais.

Pode-se, sem dúvida, inquirir da eficiência da autogestão como instrumento do socialismo onde este requeira um período de transição. Na Iugoslávia de hoje, a autogestão transformou o trabalhador em parte integrante do mecanismo repressivo do Estado; funcionalmente, a autogestão tem sido transformada por autogestores em todos os níveis num canal de voz pelo qual reivindicar aspirações pessoais imediatas, mais do que num esforço grupal de gestão da sociedade. A doutrina enfrenta o problema de conciliar socialização democrática com eficiência e capacidade operacional das empresas, sem o qual a idéia de um socialismo unido à democracia será sempre inviável a longo prazo. A empresa, em qualquer parte, e muito na Iugoslávia, parece não poder prescindir de uma organização hierárquica, seja no sistema capitalista seja no socialista; a democracia no interior da empresa choca-se com a organização, com a diferença de que na empresa privada, mais do que na empresa socializada, os trabalhadores têm a sensação de trabalhar para um reduzido número de pessoas. Tanto é assim que existe, na Iugoslávia, uma classe patronal que se superpõe aos conselhos de autogestão na tomada das decisões mais importantes. Por outro lado, a autogestão reconhece que existe, em seu detrimento, a carência dela própria de uma verdadeira revolução cultural na Iugoslávia, mas procura combater a *intelligentsia* que, teme, transforme-se numa burocracia estatal de estilo soviético; reconhece a presença no sistema de diferenças de níveis regionais de desenvolvimento social, de produtividade e de qualidade de trabalho, mas inibe a ação do Estado e do partido único, necessária à superação desse desequilíbrio. O sistema procura sustentar-se no tripé autogestão–mercado–Estado, o que não constitui uma autogestão pura, e sim híbrida. Persegue por meios confusos aquilo que no marxismo histórico é o fim de um processo: a propriedade social dos meios de produção. Ao mesmo tempo em que procura um nivelamento social, defende um diferencial de salários conforme a produtividade. Caberá perguntar ainda em que medida o sistema de autogestão, assim como outras posturas iugoslavas, não são intimamente ligados a uma necessidade iugoslava de criar por todos os modos uma fisionomia e uma identidade próprias, por motivos sobretudo políticos. Finalmente, o sistema de autogestão tem características do que seria uma versão extemporânea de socialismo utópico. Kardelj, o grande teórico da autogestão, depositava confiança no homem e em sua capacidade de reformar-se:

> Nenhum Estado, nenhum sistema e nenhum partido político pode trazer felicidade ao homem. Somente o homem pode criar

> sua própria felicidade, não como indivíduo, mas com outros homens em termos de igualdade.[12]

Embora a assertiva de Kardelj seja irrefutável como dever-ser, a admitir-se a possibilidade de o homem reformar-se a si próprio, ter-se-á então de admiti-la em qualquer sistema, inclusive o capitalismo.

No mundo marxista, a Polônia foi, contudo, o grande palco de efervescência liberalizante, fruto de uma precária união entre dissidentes e trabalhadores descontentes com seu nível de vida. À diferença da "Primavera de Praga", das reformas húngaras posteriores a 1968, ou do socialismo autogestionário iugoslavo, as inovações ali buscadas não partiram de cima para baixo, ou seja, de setores da *intelligentsia*. Tratou-se de um movimento operário inicialmente de caráter econômico, de fora dos quadros do governo e do partido, paulatinamente transformado em amplo movimento social. O Primeiro-Secretário do Partido Operário Unificado Polonês, Stanislaw Kania, em reunião plenária do Comitê Central do Partido em início de novembro de 1980, reconhecia a legitimidade das reivindicações operárias, bem como seu caráter socialista, frisando não constituírem elas uma manifestação "alugada" pelo capitalismo, mas sim um movimento do proletariado consciente de sua posição de mando em uma república popular.

A participação dos intelectuais dissidentes poloneses nos acontecimentos de 1980/1981 deu-se por intermédio do Comitê de Defesa Social, mais conhecido como KOR, criado em 1976 no caudal da repressão das greves de Ursus e Radom. O KOR foi o ponto de encontro entre os trabalhadores insatisfeitos e a classe média dissidente. Nele se destacavam os intelectuais dissidentes Jacek Kuron e Adam Michnik; à distância, o grupo recebia inspiração de Leslek Kolakowski, cujo socialismo se assemelha ao eurocomunismo. A ação que o KOR incentivava é a que estava sendo desenvolvida pelo "Solidariedade" de Lech Walesa. Outros grupos associaram-se ao KOR na eclosão da crise, como os católicos do grupo Znake, os escritores adeptos do socialismo democrático.

---

[12] E. Kardelj, *Democracy and socialism*, Londres, The Summerfield Press, 1978, p. 17.

Tratou-se de um movimento sem caráter reacionário em termos do comunismo. O que postulava, em termos políticos, era o aperfeiçoamento do socialismo na Polônia, a extinção dos privilégios da burocracia, a democratização sindical e a democratização da atividade intelectual, enfim, uma democracia socialista.

Foi a mais importante evolução havida num país socialista do Leste Europeu desde que neles ascendeu ao poder o Partido Comunista. Pela primeira vez, um regime marxista permitiu greves, negociou, cedeu, concordou em reparar sua linha de conduta e leis vigentes, diante de pressões vindas de baixo. Liberdade sindical, direito de greve, liberdade de manifestação religiosa e ideológica, liberdade de imprensa e de opinião, extinção de censura, direito à propriedade privada foram o leque das aspirações que afloraram com as greves de agosto de 1980 em Gdansk, além de aumentos imediatos de salários, aumentos salariais automaticamente ligados ao aumento dos preços e ao declínio do poder aquisitivo da moeda, redução da idade para aposentadoria, completa assistência médica, licença remunerada de três anos para as gestantes, fim do trabalho aos sábados. Paralelamente à ação proletária, os segmentos reformistas da *intelligentsia* desejavam implementar uma reforma econômica como remédio para os males da economia polonesa, com maior descentralização, mais autonomia para as empresas e mais liberdade de transações interempresariais, bem como a redução ao mínimo indispensável do dirigismo econômico exercido pelo *bureau* de planejamento, com o alijamento da direção das empresas dos burocratas e sua substituição por uma elite de empresários públicos assessorada por um conselho laboral. Desejavam mesmo reintroduzir na Polônia, ainda que de modo dosado, categorias da economia de mercado, voltando-se os reformistas tanto para o modelo iugoslavo como para o modelo húngaro.

A crise polonesa talvez não tivesse surgido estivesse a economia em fase de prosperidade. Foram por certo o agente catalisador das insatisfações polonesas as conseqüências da política econômica malograda com que Gierek tentou resolver as contradições econômicas do marxismo (particularmente o descompasso entre o setor de bens de capital e o setor de bens de consumo). A política de investimentos de Gierek não produziu o dinamismo esperado com que pagar, via exportações, o forte endividamento externo que a financiou, bem como ao aumento do consumo via importações, e, além do mais, inflacionou a economia pelo poder aquisitivo que liberou. O endividamento externo polonês estava, em meados de 1981, acima de 26 bilhões de dólares, com amortizações anuais no valor de 8 bilhões de dólares, número que excedia o valor em moeda forte de todas as exportações polonesas para os países capitalistas. A indústria vinha se marcando, como vem ainda, por uma baixa produtividade, pelo ineficiente consumo de energia, de matérias-primas e de maquinaria, e pelo desperdício de tempo e esforço humano por unidade de produto. Haviam sido feitos investimentos sem retorno no valor de 6 bilhões de dólares somente nos setores-chaves de máquinas, de ferramentas e de construção industrial; ocorrera crescente escassez de energia elétrica; crescente inflação, refletida na queda de poder aquisitivo, o que resultou na falta de incentivos dos trabalhadores para aumentar a produtividade; crise na agricultura causada por erros acumulados durante anos e acentuados por calamidades em 1980, como inundações e secas. Vigorava um sistema de preços estagnado em face de uma crescente inflação mundial, o que produzia incríveis distorções, mas que, ao mesmo tempo, se aumentado, elevaria o descontentamento público. A Polônia não deixou, de sofrer, é claro, as conseqüências dos tempos adversos por que passa a economia mundial e, particularmente, as da crise do petróleo.

A situação polonesa, da qual se esperava abrir caminho para uma reforma política e social inédita, representou mais um acontecimento repressivo na história do marxismo. O grande dilema que a situação polonesa colocava para o marxismo, tanto histórico quanto positivado de linha soviética, é que a existência de um sindicato independente do partido significava que este não é o instrumento da "ditadura do proletariado"; se não o é, então conclusivamente está a serviço de outro grupo. Admitir tal raciocínio equivale a reconhecer a existência de uma estrutura de classes no seio das sociedades marxistas. Outro problema que se apresentava era o caráter de base das reivindicações polonesas; sua definitiva aceitação estabeleceria perigoso precedente num mundo rigidamente governado de cima para baixo. Grave incógnita para o futuro do reformismo polonês era também o estado crítico da economia polonesa, o qual, longe de melhorar, se agravou após a explosão dos movimentos de Gdansk. Havia, de parte da massa trabalhadora, um estado de inconformismo e de rebeldia generalizados, as aspirações, não só econômicas como, principalmente, liberais, desenvolviam-se a uma velocidade mais rápida do que comportaria uma transformação gradativa das estruturas polonesas. Todas essa variáveis da questão culminaram numa reafirmação política da classe dominante, com a singularidade de que foi o próprio exército polonês o agente dessa reafirmação, com claros propósitos nacionalistas e de constituição de um governo de integração nacional, respeitados os parâmetros políticos e geopolíticos da Polônia.

A dinâmica dos acontecimentos registra que a solução polonesa teve sua especificidade. Foi a primeira vez na história dos países marxistas em que o exército acaparou as instituições, sobrepondo-se ao partido, do qual vários membros foram feitos prisioneiros e nenhum, à exceção meramente nominal do próprio General Jaruzelski, foi convidado a integrar o conselho marcial. A solução militar não foi tão-somente marxista; foi também nacionalista, uma vez que a Polônia não poderia contar com paciência infinita de seus aliados. Tudo indica, porém, que o partido recuperará espaço, já que não se pode esquecer que, para a ortodoxia marxista conforme definida por Moscou, é o partido o órgão supremo da sociedade, seu mentor e tutor. Não obstante, os responsáveis pelos eventos de 13 de dezembro de 1981 parecem querer colocar a Polônia na trilha do modelo húngaro, na medida em que acenam com maior liberdade às empresas com relação ao *bureau* central de planejamento, objetivando com isso o aumento de sua eficiência (funcionando algumas, como aquelas ligadas ao comércio exterior, em amplas condições de mercado) sem que a isso corresponda necessariamente maior liberdade política.

A repetição da experiência húngara, que tão bons resultados rendeu para a Hungria, a partir de seu lançamento, em 1968, com o Novo Mecanismo Econômico será, se efetivamente os órgãos centrais e a classe operária o permitirem, o grau máximo de liberalização que a Polônia poderá alcançar nas atuais circunstâncias geopolíticas, o que, de qualquer modo, não deixaria de refletir certa tolerância da União Soviética para com as transformações socioeconômicas que vêm irrompendo nos países marxistas. No caso específico da Polônia, haverá, porém, que dar guarida à hipótese de que o modelo húngaro não se tornará exeqüível sem que se lhe anteceda um tipo de acomodação entre o exército, a burocracia e o proletariado: à diferença da Hungria, onde os ventos liberalizantes sopraram de cima, e foram posteriormente abafados de fora, na Polônia os impulsos liberalizantes resultaram de movimento de massa, e não foram reprimidos, pelo menos até agora, de maneira notadamente sangrenta quer seja por meios internos, quer seja por externos. Os poloneses sentiram, ainda que por pouco tempo, o aroma da liberdade. Mais que um sindicato, o "Solidariedade" foi uma avalancha que ia lentamente incorporando, como bola de neve, diversos segmentos da nação. Haverá também que se introduzir nesse painel o desempenho da Igreja Católica que, contrariamente à Hungria, é na Polônia importante fator político, defensor de moderação, mas intransigente na defesa dos direitos humanos.

O reformismo polonês não foi, porém, de substrato distinto dos eventos que desembocaram na "Primavera de Praga" em 1968. A Tchecoslováquia, na década de 1960, viria a permitir maior liberdade na discussão de temas político-econômicos, das liberdades fundamentais do homem e sua função no desenvolvimento do socialismo, o que evocou no povo as frustrações e as repressões do período estalinista. A assistência econômica e militar aos países árabes, a Cuba e ao Vietname do Norte, a dependência ao Comecon, que criava obrigações de financiar a economia dos demais países que o integravam, traziam dificuldades econômicas ao país e acrescentavam muito à atmosfera de descontentamento que reinava em meados dos anos 1960. Os dissidentes viam sua influência aumentada nas universidades, nos teatros, nos cinemas e na imprensa, que se transformavam em núcleos politizados. A liderança política procurava evitar que o operariado aderisse à dissidência, tentando, entre outras medidas, acelerar o desenvolvimento da economia e controlar os intelectuais em rebeldia. Nesse propósito lançou, no começo de 1967, um programa econômico cujos pontos básicos eram o estabelecimento de uma economia de mercado, a descentralização econômica, a concessão de incentivos para as empresas e os operários e, a longo prazo, a conversibilidade internacional da moeda, com o propósito de aumentar as exportações tchecas para o Ocidente e permitir uma modernização da economia. Tais evoluções precipitaram uma reformulação política, no contexto da qual ascendeu ao poder Alexander Dubcek.

Muitos pesquisadores desse período mantêm que Dubcek não tinha em mira operar transformações profundas no socialismo tcheco, as quais pudessem levar os soviéticos a ocupar o país. Teria sido o eclodir de um processo liberalizante de amplas dimensões, no plano intelectual e ideológico, que levou os fatos de roldão e fez Dubcek adotar como dístico o "Socialismo com uma Face Humana". Dubcek foi-se apercebendo de que uma reforma econômica eficaz só poderia ser implementada numa atmosfera de diálogo, liberdade de expressão e debate. Concedeu, assim, ampla anistia, que teria repercussão negativa entre os demais países socialistas da área. Em 27 de junho de 1968, lançava-se o manifesto intitulado "As Duas Mil Palavras", inspirado por um grupo de cientistas e dirigido a todo o povo tcheco com o propósito de despertar a consciência nacional para o estado de coisas vigente. As conseqüências maiores do manifesto seriam uma carta pela qual o Pacto de Varsóvia fazia saber ao Governo tcheco que a ameaça aos fundamentos do socialismo na Tchecoslováquia se chocava com os interesses comuns vitais aos outros Estados socialistas, ao que se sucedeu, em 20 de agosto, a ocupação da Tchecoslováquia pelo Pacto de Varsóvia, bem como o fim de suas aspirações a abrir e trilhar um caminho tcheco para o socialismo.

Como a mostrar que os cismas eurocomunista, iugoslavo, o efêmero polonês e natimorto tcheco não são episódios isolados, mas inerentes à própria evolução do marxismo, sopram, com maior ou menor intensidade e freqüência, ventos liberalizantes em quase todos os países marxistas da Europa – e também na China –, sendo praticamente a única exceção a Albânia, encasulada num sistema político de feitio estalinista. Esses ventos dão impulso às reivindicações em favor de direitos civis e humanos, da separação entre partido e governo, da liberdade sindical, das vias nacionais ao socialismo, da descentralização econômica e de uma parcimoniosa reabilitação da propriedade privada e da economia de mercado.

Os direitos civis e humanos são a principal reivindicação dos dissidentes, assim entendidos os membros da *intelligentsia* insatisfeitos com a privação de liberdade política ou com a inflexibilidade do modelo econômico, os intelectuais que não seguem a linha do realismo socialista, ou que se opõem à interpretação corrente do marxismo-leninismo, os trabalhadores e as igrejas, estas últimas principalmente em virtude do caráter ateístico do marxismo. Embora certas minorias nacionais sejam também consideradas dissidentes, são elas incluídas nesse rol com a justa ressalva de que constituem fenômeno universal, e não fenômeno intrínseco aos países marxistas. Para todos os dissidentes não-trabalhadores, a dissidência constitui sobretudo uma posição ideológica; para os trabalhadores, é mais circunstancial, estreita e no interesse próprio, e atua principalmente nos momentos de crise econômica. De um modo geral, os dissidentes pretendem um fim para a violação dos direitos humanos; a maioria deseja extinguir o monopólio estatal da comunicação social e alguns pedem reformas. Assim, os direitos humanos foram a principal aspiração dos signatários na Tchecoslováquia, em 1977, da Carta 77, do KOR polonês, do grupo dc Goma na Romênia e da Declaração Búlgara de 1978. Na Hungria, o principal objetivo dos dissidentes é a liberalização da política editorial do governo. Na Iugoslávia, os objetivos, além de emancipação nacional, são os direitos humanos, o livre fluxo de informação e aquilo que o próprio Kardelj chamava de pluralismo democrático dos interesses da autogestão.

A dissidência no mundo marxista adquiriu expressão quando, em 1966, Sinyavski e Daniel foram julgados na URSS por atividades contra o regime. Ginzburg escreveu um livro sobre o julgamento e, posteriormente, Litvinov escreveu outro sobre o julgamento do próprio Ginzburg. Mais tarde, em 1968, surgiria na URSS o bimensal *Crônica de Acontecimentos Correntes*; constituir-se-ia, em 1969, o Grupo de Ação para a Defesa dos Direitos Humanos e em, 1970, o Comitê de Direitos Humanos, de Sakharov. Destaca-se Medvedev e sua tentativa de, como aquele, conquistar o direito de expressão. Na Hungria, a nova esquerda, reunida em torno do boletim *Samizdat*, pretende fazer chegar ao campo político e civil a liberdade relativa já alcançada no terreno econômico, particularmente no que tange à liberdade de expressão, à atividade sindical dos assalariados, aos direitos das minorias nacionais e religiosas, ao pluralismo político. Na Tchecoslováquia, a Carta-77, lançada em janeiro de 1977, denunciava perseguições sofridas por todos os que discordaram das diretrizes em vigor, e salientava que os direitos fundamentais constantes da Ata Final de Helsinque não eram respeitados no país. Era destinada à classe dirigente, e assinada por mais de cem pessoas, muitas das quais haviam sido dirigentes políticos e intelectuais em 1968. A tônica do documento não eram as reformas, mas um diálogo positivo com o Estado. Na China, extinta a Revolução Cultural, tem havido uma onda de renovação liberalizante no campo dos direitos das minorias nacionais, do trabalho artístico e intelectual e das comunidades religiosas. Novas publicações vêm aparecendo, ocupando-se de uma gama mais vasta de assuntos. Inúmeros simpósios nacionais têm lugar com a discussão de questões sociais correntes. A China tem posto em prática uma política mais tolerante com relação à dissidência, cuja repressão é considerada contraproducente.

É também na China que vem sendo ventilada a separação entre partido e governo. O princípio consta do documento intitulado "As Dez Regras de Conduta" aprovado pelo plenário do XII Congresso de Toda a China, em fevereiro de 1978. Em atitude tida como exemplar, o então primeiro-ministro Hua Kuofeng renunciou ao posto naquele conclave, conservando o cargo de Presidente do Partido. No mesmo espírito, enquadra-se a anunciada renovação dos quadros partidários, por rodízio, de mandatos restritos, de funcionários eleitos, de rejuvenescimento dos quadros e da proibição da duplicação de funções. Na Iugoslávia, a Presidência da República, órgão colegiado, procura afastar do poder a Liga dos Comunistas, de influência centralizadora, considerada nefasta ao socialismo democrático.

Também toma corpo o princípio de que cada país deve seguir sua própria trilha em direção ao socialismo. Fazendo eco aos eurocomunistas, Pequim estimula as vias nacionais. O Partido Operário Socialista Húngaro (POSH), em suas "Diretrizes para o 12.º Congresso" (capítulo 7º), realizado em março de 1980, consagrou "o direito e o dever de cada partido comunista implementar, independentemente, e de maneira criativa, suas próprias condições a seu desenvolvimento socialista", em ressonância a resolução adotada no Congresso de Berlim em 1976, embora afirmando a necessidade de preservação da "pureza ideológica" do movimento comunista internacional. A Romênia, embora mantendo controles internos rígidos, pretende uma substancial autonomia com relação à União Soviética no campo externo.

O sindicalismo tem feito consideráveis progressos. Deriva da formação de uma consciência de classe entre os trabalhadores, em face da estrutura de classes específica dos países marxistas, e recebe o reforço dos dissidentes – ainda que nem sempre haja uma boa identificação entre estes e os trabalhadores – que os consideram alheios às causas laborais e freqüentemente encaram com superioridade a classe trabalhadora. A maior vitória do sindicalismo até o presente, conquanto precária, foram as já citadas conquistas na Polônia. Na Hungria, o governo, embora usando de cautela, acelerou a autonomia sindical. Na URSS, jovens trabalhadores soviéticos reclamam o direito de ser representados por homens escolhidos por eles mesmos, e não determinados pelo Partido. Em 26 de janeiro de 1978, criaram o Sindicato Livre dos Trabalhadores Soviéticos, liderado por um mineiro ucraniano chamado Vladimir Klebanov, o qual estava disposto a combater o poder da burocracia. No mesmo ano, criar-se-ia a União Interprofissional Livre dos Trabalhadores (SMOT), sob o comando do eletricista Vladimir Borissov, expulso do país em 1980. O SMOT tem, além da defesa das reivindicações dos trabalhadores, propósitos políticos. Atribui-se aos dois sindicatos a crescente freqüência dos movimentos de greves, em geral destinados a protestar contra a escassez de alimentos ou as más condições de trabalho.

A descentralização econômica parece ser um denominador comum a todos os pruridos liberalizantes nos países marxistas. Na China, a filosofia dominante após 1978 favorece a concessão de maior liberdade aos gerentes, em oposição ao rigor do plano e mesmo à introdução de elementos de autogestão nas empresas. Em seu discurso durante o Congresso de Toda a China de 1978, Hua Kuofeng afirmou o propósito governamental de trabalhar pela contínua implantação de uma reforma econômica, pela expansão dos direitos das empresas com relação ao Estado, por maior respeito pelas leis econômicas objetivas, pelo equilíbrio entre o planejamento central e o mercado e por maiores direitos dos trabalhadores na direção de fábricas. Trata-se de uma linha pragmática, por cima da pureza ideológica, para modernizar a agricultura, a tecnologia, a indústria e a defesa. Em outros países marxistas, como a República

Democrática Alemã (RDA) e a Bulgária, ensaia-se um relaxamento de controles centrais, ainda que cauteloso e experimental. Na própria URSS, durante o XXVI Congresso do Partido Comunista da União Soviética (PCUS), foram feitas algumas concessões aos pequenos produtores rurais, os quais foram estimulados por um decreto a desenvolver seus lotes. Os jornais levantaram questões como a transferência de maior responsabilidade às fábricas em lugar de subordinação absoluta aos controles centrais, ou da continuidade das reformas que Kossygin tentou pôr em prática e não conseguiu em virtude da oposição da maquina burocrática. Na Hungria, o Novo Mecanismo Econômico (NME) implantado a partir de 1968 permitiu a descentralização econômica, visando ao aumento da produtividade e da qualidade dos produtos, e a torná-los competitivos, ainda que mais tarde fossem parcialmente retomados os controles centrais e revistos os benefícios atribuídos aos gerentes. Na Polônia, a descentralização é um dos temas básicos da *intelligentsia* reformista polonesa.

A propriedade privada vem reconquistando algum espaço. Na agricultura, nunca deixou de existir de todo. Na URSS, paralelamente às fazendas estatais, ou *sovkhozes*, existem as fazendas em cooperativa, ou *kolkhozes*, que são a unidade mais importante na estrutura agrícola soviética. Essas cooperativas compram seus equipamentos e organizam seus sistemas internos. Sua produção é adquirida pelo Estado a preços fixos, havendo prêmios se a produção exceder suas cotas. Os trabalhadores recebem salários como diaristas, ganhando mais se ultrapassarem tais cotas. Às famílias envolvidas na produção, reconhece-se o direito de cultivar pequenos lotes de meio hectare e de criar um determinado número de animais. Na Hungria, a iniciativa e a empresa privada impuseram-se na agricultura, havendo mais de um milhão e meio de propriedades individuais constituídas principalmente por lotes particulares dos camponeses, das cooperativas agrícolas e pelas propriedades secundárias das famílias de operários e camponeses que vivem no campo. Na Iugoslávia, grande parte da agricultura compõe-se de produtores individuais. Mas a outros setores estende-se a propriedade privada. Na própria Iugoslávia, permite-se a empresa privada de até quinze empregados. Em Budapeste, 66% das habitações são erigidas por construtores particulares ou por associações privadas, que contratam mão-de-obra no mercado paralelo. Para vigorar a partir de 1982, o Conselho da Presidência aprovou medidas destinadas a promover o crescimento de pequenas empresas e a encorajar a iniciativa privada, entre as quais pequenas cooperativas ou grupos de trabalhadores especializados de até cem membros, e de indústrias em pequena escala, motivadas pelo lucro.

A propriedade privada impõe-se também de baixo para cima – isto é, exteriormente às pressões da *intelligentsia* no sentido do restabelecimento parcial da propriedade privada e da economia de mercado – por meio do fortalecimento de uma economia que se poderia chamar, à falta de melhor denominação, de paralela. Tem esta que ver com o desejo inato das pessoas de aumentar seu poder aquisitivo para além do que permite o salário oficial. Está, freqüentemente, ligada a um ânimo de lucro individualista. A economia paralela pode ser vista nos mais variados aspectos do dia-a-dia dos países marxistas. São choferes de táxi propondo operações de câmbio negro a seus clientes ocidentais na URSS; são jovens iugoslavos viajando a Trieste e para contrabandear *jeans* ou uísque escocês para revenda interna; são taxistas também iugoslavos expulsando de seus carros o cliente comum para fechar com o estrangeiro o negócio de uma corrida interurbana a preço acima da tabela; são funcionários de empresas aéreas na Polônia fazendo aparecer misteriosamente vagas em vôos dados como repletos mediante algum tipo de gratificação, em dinheiro ou em espécie; são porteiros de restaurantes e *night-clubs* na Bulgária facilitando lugares a clientes sem reserva. Por trás disso tudo, está o *homo economicus*, está o homem hobbesiano, que o marxismo não conseguiu reformar.

Contudo, as formas mais expressivas de economia paralela são aquelas que já começam a tornar-se oficiosas, e organizam um sistema de mercado em que o plano não consegue chegar. Na Hungria, os construtores particulares, autorizados a empregar não mais de três operários, contratam, na prática, em torno de quinze. São operários que economizam sua força de trabalho no setor estatal para vendê-la no mercado paralelo. Vinte mil operários fazem por conta própria consertos de todo o tipo; 60% dos serviços de manutenção são executados por empregados em garagens, empresas de pintura, de encanamento e de eletricidade. Existe um setor de hotelaria privada constituído por particulares que hospedam turistas.

É uma economia que permite ao povo suplementar seu salário e ao governo superar as limitações da economia centralizada e coletivizada.

A reintrodução de elementos de economia de mercado é, no caso de alguns países, implementada, e não apenas tolerada, pela própria burocracia, para aceleração do crescimento econômico. Há também nisso um fator de interesse de classe, uma vez que a *intelligentsia*, em sendo mais escassa e mais habilitada, pode encontrar maiores vantagens em situações de mercado, as quais lhe permitam elevar seu padrão de vida. Esse era o caso na Tchecoslováquia de 1967-1968, e esse é o caso na Iugoslávia, onde sobre a *intelligentsia* recai a suspeita de pretender converter-se numa burocracia nos moldes soviéticos. Além da Iugoslávia, mecanismos de mercado começam a ser utilizados na Hungria para a determinação de custos e preços, para orientar as decisões de investimentos, para alocar trabalho e outros recursos, para tornar sua indústria mais competitiva internacionalmente. Não mais vigora o direito do trabalhador a um emprego; antes, começa a haver um mercado de trabalho. Há, nas empresas de comércio exterior húngaras, uma maneira de ser e de atuar tipicamente capitalista. Esse é o espírito do Novo Mecanismo Econômico que, em síntese, é um plano em favor da descentralização econômica, do aumento da produtividade e do aumento da qualidade dos produtos, tornando-os competitivos nos mercados ocidentais. O NME concedeu ampla autonomia às empresas industriais e às cooperativas agrícolas e permitiu maior racionalização da economia. Em conseqüência, passou a haver uma diferenciação de salário entre as empresas mais ou menos prósperas, de 1 para 7 ou até mesmo para 10. O lucro individual foi reinstituído por um sistema de prêmios anuais.

A reintrodução de elementos de mercado na economia dos países marxistas comporta uma discussão doutrinária de interesse. No presente capítulo, bem como no sexto, foi dito que o movimento reformista se apóia no marxismo e, portanto, não visa à derrocada do marxismo, mas a seu aperfeiçoamento. Onde situar então, nas economias marxistas, o retorno de categorias econômicas típicas do capitalismo? Trata-se de reformismo ou de revisionismo puro e simples? A interpretação dada ao fenômeno pela ortodoxia marxista conforme definida por Moscou é a de que a reabsorção de elementos de mercado se deve unicamente ao fato de estarem os países marxistas num período de transição do socialismo para o comunismo. O Partido Operário Socialista da Hungria tem uma definição bem clara da questão:

> A política econômica húngara, baseada na propriedade pública dos meios de produção e no planejamento socialista, toma em consideração o fato de que durante o período histórico de transição do socialismo ao comunismo as relações monetárias, de mercadorias e de mercado farão parte orgânica da vida econômica socialista. O sistema de gerência econômica seguirá essa diretriz.[13]

À permanência de elementos de mercado num período de transição, Charles Bettelhim procurou dar consistência teórica ao analisar[14] a sobrevivência, nas chamadas economias socialistas, de características herdadas de sua fase capitalista, interpretando-as como uma fase de construção do socialismo, como um processo em que elas são gradualmente erradicadas. O fundamento de sua tese é marxista: Marx vaticinou que os primeiros países a se socializar seriam os de avançada economia capitalista, e a realidade demonstrou precisamente o contrário. Para o marxismo, o socialismo é estágio subseqüente numa sociedade em que o capitalismo atingiu sua maturidade. Portanto, nas sociedades correntemente chamadas socialistas o que existe

> ...não é uma distribuição de produtos, mas uma circulação de mercadorias; há dinheiro e há preços, o que equivale a dizer (pelo menos em aparência), que existem categorias típicas da produção de mercadorias, e assim também um sistema de contabilidade em preços, cálculo monetário e de salários diferenciais, assim como um sistema de financiamento de crédito com

---

[13] Diretrizes para o 12º Congresso do POSH, adotadas em reunião do Comitê Central em 1º de novembro de 1975, cap. 3.

[14] C. Bettelheim, *La transition vers l'économie socialiste*, Paris, François Maspero, 1970.

> uma rede de bancos estatais que podem fazer empréstimos de maior ou menor duração.[15]

O próprio Marx, lembra Bettelheim, na *Crítica ao Programa Gotha*, especificara que os mecanismos de mercado desapareceriam nas fases primeiras da transição do capitalismo para o socialismo. Rejeitando a visão de Stalin de que a existência de mercadorias se deve à permanência de um setor privado na agricultura, ou de que tais categorias são úteis para fazer cálculos, regular contas, estabelecer o lucro e o custo das empresas, verificá-las e controlá-las, ele sustenta que a verdadeira questão é precisamente aquela de saber por que os cálculos devem ser efetuados com o auxílio das categorias de mercadorias, e por que eles não são feitos diretamente em unidades de trabalho/hora. E sua resposta é que a razão de ser das categorias de mercado nas economias planificadas contemporâneas é

> ...um estágio necessário à determinação das condições efetivas para o desaparecimento das categorias de mercado num estágio ulterior que é visto como o fim último em direção ao qual os presentes planos econômicos devem conduzir as economias planificadas.[16]

Segundo Bettelheim, a resposta à permanência das categorias de mercado está, portanto, no nível de socialização e desenvolvimento das forças produtivas, no gerenciamento social das forças de produção racionalizadas, gerenciamento que implica capacidade social para contabilizar e distribuir produtos e meios de produção. De acordo com Bettelheim, o domínio social sobre os meios de produção está apenas tomando forma,

> ...daí a necessidade de reconhecer uma relativa liberdade de manobra por unidades de produção dos setores socialistas do Estado ou por certos "conjuntos econômicos" que constituem o que se poderia chamar "sujeitos econômicos".[17]

---

15 *Idem, ibidem*, p. 30.

16 *Idem, ibidem*, pp. 38-39.

17 *Idem, ibidem*, p. 47.

É, assim, a existência dos sujeitos econômicos o que explica a sobrevivência dos mecanismos de mercado nas sociedades transicionais. Apenas com o desaparecimento de tais sujeitos um controle social direto das forças produtivas existirá. Esse desaparecimento, contudo, somente terá lugar quando a socialização das forças produtivas tiver alcançado um estágio de maturidade. O número de sujeitos econômicos será paulatinamente reduzido pela fusão entre eles, o que integrará a produção em unidades mais amplas, capazes de controlar uma parte maior ou mais socializada da atividade econômica, até o ponto em que houver uma única agência central, capaz de controlar toda a economia. Aos sujeitos econômicos, agora com a personalidade apenas social, restará a autoridade técnica, a de completar o plano onde omisso em detalhes e sempre em subordinação ao interesse social e à ratificação pelos órgãos gerenciais responsáveis pelo complexo integrado.

> Isso habilitará o plano a passar do estágio em que der direção às forças produtivas (...) ao estágio de dominação sobre as forças produtivas, operando, assim, em nível de grandes complexos econômicos, com um caráter funcional.[18]

A posição de Bettelheim é, portanto, a de que não existem sociedades socialistas, e sim em transição do capitalismo para o socialismo.

O padrão evolutivo das sociedades marxistas, que o presente capítulo procurou retratar, confronta Bettelheim, insistindo em que sua interpretação do processo social nos países marxistas navega contra a corrente da história. É crescente o número de concessões que neles se fazem aos elementos de economia liberal, de modo que alivie as sociedades marxistas dos males inerentes ao sistema de plano. Assim como na farmacologia, pode-se dizer que em economia as soluções costumam ter suas indicações, suas contra-indicações e seus efeitos colaterais. Assim, a economia liberal está sendo parcialmente reabilitada onde a realidade parece evidenciar as contra-indicações da economia de plano, como para neutralizar alguns de seus efeitos colaterais. A lógica de Bettelheim reflete uma fidelidade cega a um modelo teórico que é injuriosa à própria

[18] *Idem, ibidem*, p. 75.

realidade dos fatos. Não porque esteja decretada a falência do sistema de planificação integral, mas sim porque tal sistema não preenche todos os espaços econômicos, da mesma forma que o puro liberalismo, de resto inexistente, se converteu em anacronismo econômico.

Verdade é que todo esse sopro liberalizante não se livrará de certa precariedade até que tais transformações se tornem palpáveis na própria União Soviética, cidadela de sua própria ortodoxia. Mas não será supérfluo lembrar que reformas como a húngara e a que o novo regime marcial polonês afirma ter em perspectiva têm um ponto de apoio naquela que Kossygin, *vox clamantis in deserto*, pedia para a própria URSS em 1965. Em fins de 1981, Brejnev, por sua vez, embora seguisse ignorando a natureza congênita dos males das economias marxistas, reconheceria publicamente a necessidade de certa medida de descentralização para impulsionar a economia soviética, a qual padece de males semelhantes aos dos demais países marxistas.

A descentralização econômica, o funcionamento das empresas com base em certos parâmetros de eficiência, para os quais se fazem necessárias a reabilitação de certos elementos de economia de mercado, a integração das massas no processo decisório político e econômico, são condições *sine quae non* para o revigoramento econômico nos países marxistas. É essa a dialética de sua realidade. Muito embora os desfechos dialéticos não prescindam da ação humana – conforme deixou claro o próprio Marx – e ainda que nada o indique será a presente ou mesmo a vindoura geração as que nos países marxistas verão socialismo com liberdade, não parece haver margem de dúvida que o processo social nos países marxistas obedece a essa dialética liberalizante, por força das contradições internas de seus sistemas, em vez de, como querem alguns, estar realizando recuos táticos, estar dando o passo atrás que permite dar dois adiante. É a vida que se recusa a encerrar-se no plano; é o plano que ensaia ajustar-se à realidade.

Conclusão

O problema crucial da presente época reside em conjugar e em elevar ao máximo a satisfação do homem em suas duas dimensões existenciais, a individual e a social. A primeira reclama liberdade; a segunda, justiça. Conquanto o liberalismo e o marxismo, egressos da Revolução Industrial, não tenham realizado a contento esses dois tipos de aspirações, o capitalismo ocidental, mais por suas raízes do que por seu desempenho, tem-se pretendido o paladino das liberdades; o marxismo oficial, o paladino da justiça, embora nem o capitalismo seja paradigma de liberdade nem o marxismo de igualdade. Ambos se reservam o epíteto de democráticos: o primeiro pela fidelidade doutrinária ao constitucional pluralismo, ao governo *do* povo, às liberdades humanas; o segundo, pela também doutrinária demolição da estrutura de classes, desencadeada e consolidada pela ação revolucionária do partido único, do governo *para* o povo, do provimento do bem-estar das massas. No capitalismo, a menor prioridade do atendimento das reivindicações das massas por mais igualdade e justiça social tende a fazer que a dinâmica da sociedade seja uma função principal das forças e das idéias socializantes; no marxismo, a menor prioridade da materialização das idéias libertárias tende a fazer que a força motriz da sociedade seja uma função maior das forças e das idéias liberalizantes.

Apesar de sempre ter imperado, doutrinariamente, a dicotomia entre o individual e o social, não existe, no plano racional e lógico, tal dicotomia, e mesmo no plano da realidade ambas as aspirações se tornam cada vez menos excludentes, cada vez menos objetivos antagônicos, e mais e mais interdependentes, mais e mais precondição uma da outra. Não poderá haver liberdade individual se persistirem as terríveis desigualdades que dão origem a convulsões sociais, a modelos totalitários de direita ou de esquerda. Nem poderá haver igualdade social se ao homem não for reconhecido o direito de pensar, de exprimir seu pensamento, de fazer tal pensamento valer e de divergir. Nos países capitalistas, onde se verifica mais aguda problemática social, tal fato tem levado à instalação de regimes de exceção que se autoproclamam defensores do liberalismo e, por repúdio ao totalitarismo de esquerda, suspendem o funcionamento das instituições democráticas, cometendo assim o paradoxo de defender o liberalismo por meios antiliberais. Com a ulterior impossibilidade de as massas obterem melhor satisfação de suas reivindicações, em virtude da falta de participação política, a exceção transforma-se em regra geral, o que, em círculo vicioso, tanto agrava a problemática liberal como a social. Nos países marxistas, onde a sociedade precede o indivíduo, a ausência de liberdade fez que uma nova estrutura de classes emergisse por sobre os escombros da antiga ordem burguesa e o Estado se superpusesse à sociedade de modo que obstaculizasse a própria justiça social.

Vive-se, por outro lado, a era da igualdade sem nunca se ter plenamente atingido a liberdade individual sonhada pelos liberais dos séculos XVII e XVIII, fato que milita também em favor da extinção da dicotomia. Dessa extinção não se tem ainda, de modo generalizado, uma clara percepção; ou seja, a percepção de que a síntese que desponta no terreno da realidade é a do tratamento conjunto da liberdade e da igualdade social. Assim, dois ideais antes incompatíveis começam a condicionar-se mutuamente e a impor a necessidade de mudança nos sistemas econômicos e sociais que reflitam essa nova realidade. Na medida em que as consciências se apercebam desse fato, estar-se-á viabilizando a transformação de sociedades hoje cindidas por tais tipos de contradição e de conflitos em direção a outra, na qual esses mesmo conflitos e contradições estejam resolvidos.

Disso decorre a relevância de um *liberalismo social* como filosofia política e econômica. Um enfoque *liberal-social* dos problemas atuais precipitará o final do processo mediante a conscientização de seus agentes naturais, tendo-se por pressuposto que as idéias só repercutem no terreno dos fatos quando vão ao encontro dos próprios fatos. E a julgar pelos clamores universais, o que devem os sistemas políticos e econômicos procurar é um máximo possível de liberdade individual com o máximo possível de igualdade social. A expressão "máximo possível" está calcada no fato de a plena liberdade, *per se*, como a plena igualdade, *per se*, serem inatingíveis, bem como no fato de que, em função da filosofia tradicionalmente dominante num determinado espaço social, uma terá sempre precedência sobre a outra. É importante compreender que qualquer tentativa de pluralismo que não leve em conta a questão social é precária e somente sustentável por artifícios políticos, assim como qualquer esforço de implantação de uma verdadeira justiça social só será possível com o fortalecimento das liberdades fundamentais do homem. Dahrendorf sabiamente expressou:

> Fazer frente às questões imediatas é uma condição necessária de sobrevivência, mas não é garantia de sobrevivência em liberdade; resolver os problemas econômicos que se tem pela frente é um pré-requisito de justiça, mas para que se possa dar-lhe um sentido liberal temos de certificar-nos não apenas de que os resolvemos, mas também de como os resolvemos.[1]

E, em contrapartida:

> Há os que nos aconselham a mudar nosso curso em 180 graus e a tentar escapar à turbulência por um retorno a águas mais familiares.
>
> Bastante alheios a que essas águas, se de um lado eram familiares, não eram de outro tranqüilas, esquecem-se de que foi o curso tomado nessas águas familiares que nos levou aonde estamos hoje. Se tentarmos retornar aos alegadamente bons, velhos valores, e começarmos a abandonar as conquistas sociais das últimas décadas, pleno emprego e oportunidades educacionais, pensões e cuidados médicos e tudo o mais, teremos de começar de novo nos primeiros anos 1930, e há muitos que se lembram dos riscos horríveis que isso envolve.[2]

---

1 Ralf Dahrendorf, *The new liberty*, Stanford University Press, 1975, p. 97.

2 *Idem, ibidem*, p. 98.

O primeiro passo para encontrar a solução de um problema é enunciá-lo de modo correto. O enunciado correto do problema em foco é, pois, como atingir o máximo possível de liberdade individual com o máximo possível de igualdade social. É a resposta que deve orientar a ação política e, por meio dela, a ação do Estado. Do discurso à práxis, da idéia à ação, é possível, é aliás previsível, que a proposta perca sua pureza doutrinária e corrompa-se com as fraquezas e as veleidades humanas, a exemplo de todas as demais. Mas se o problema não for enunciado com clareza e tratado com isenção científica no plano teórico, então a resposta já está morta no nascedouro. É preciso, pois, que o tratamento científico seja absolutamente límpido, para que a proposta possa melhor resistir à fatal contaminação que a tisnará no terreno da realidade.

Alguns mitos terão de ser destruídos ao longo desse caminho, frutos da utopia e de uma não-aceitação, pelos homens, de sua própria condição. Entre os liberais, tais mitos são, principalmente, o da plena liberdade e o da plena democracia. São bandeiras que não tremulam no mastro da realidade; antes se situam no zênite dos ideais da humanidade, de que ela se aproximará, se o fizer, num esforço de séculos, quem sabe, de milênios. É portanto ilusório esperar que democracia e liberdade governem, *hic et nunc*, as sociedades, e já o tem afirmado Robert Dahl.[3] É válido ter esses ideais em perspectiva, trabalhar por eles e situá-los no plano superior e último das aspirações humanas. Pertencem ao pólo ético da conduta humana; no outro pólo, pragmático, está o poder e a luta por ele. Onde houve o homem, houve o grupo, onde houve o grupo, houve o poder. O ideal e o real – democracia, e liberdade, de um lado; poder, de outro – são as variáveis da conduta do homem como animal social.

Do lado socialista, o mito reside na plena justiça e na plena igualdade, em não se reconhecer a extremamente rica diversificação entre os diferentes espécimes do gênero humano e, em conseqüência, em não se conceder ao indivíduo como tal uma certa amplitude de ação. Os homens têm diferentes habilidades. Uns para a liderança, outros para o acúmulo de bens materiais; uns para o

[3] R. Dahl, *Polyarch. participation and opposition*, New Haven, Yale University Press, 1971.

esporte, outros para o trabalho intelectual. Mesmo dentro de cada habilidade, os homens são dotados de capacidade em diferentes graus. Essas diferenças de habilidade e de intensidade são conseqüências não somente de fatores sociais – caso em que a homogeneização poderia ser plenamente atingida pela ação social – como também psicológicos, genéticos, éticos, religiosos, morais, geográficos e assim por diante.

Diante das dificuldades e das ambigüidades que apresentam hoje em dia tanto o capitalismo como o marxismo positivado, estes últimos lustros têm sido particularmente fecundos na gestação de idéias conciliatórias entre os dois sistemas. Em essência, tais idéias têm por objetivo maior preservar as conquistas setecentistas e oitocentistas no terreno das liberdades individuais, compreendidas aqui num sentido muito amplo, com os alcances novecentistas no campo das igualdades sociais. De um modo geral, observa-se contudo que tais preocupações ainda não estão numa fase rigorosamente científica. Possibilidades confundem-se com esperanças, e uma vasta utopia parece dominar o cenário. Nota-se em diversos homens públicos contemporâneos uma preocupação em conciliar estes dois pilares do humanismo: indivíduo e sociedade. Há, cada vez mais, um repúdio generalizado tanto da exploração do homem pelo homem quanto da exploração do homem pela sociedade na forma de sua versão institucionalizada, o Estado. Freqüentemente, porém, observam-se contradições nas manifestações de pensamento, fruto de um irrealismo que tanto pode ser uma tentativa de solução dos problemas reais pela sublimação quanto de um bem intencionado desconhecimento de causa. As ciências sociais ainda não prospectaram completamente o terreno, o qual, no entanto, é rico e profundo. As idéias apresentadas têm sobretudo esbarrado em dificuldades quando se trata de transpor para o plano concreto a promoção de liberdade com justiça social.

Que sistemas poderão emergir da transformação do capitalismo e do marxismo? Que evoluções poderão ter esses mesmos sistemas em face de sua interação? É um trabalho de revelação particularmente difícil em função da névoa que cobre o panorama nos dias presentes. As tendências estão latentes, ainda não se manifestaram no terreno concreto da realidade. A obscuridade advém, numa primeira análise, da definição do confronto estratégico entre os estados expoentes do capitalismo e do marxismo, de uma crença no sistema de mercado e na viabilidade de o capitalismo autoreformar-se (tendo-se sempre presente as contradições fundamentais), no dogmatismo do marxismo soviético, nos interesses puramente nacionais dos Estados bastiões do capitalismo e do marxismo, nos interesses em jogo da burguesia quanto da burocracia, da dissidência no marxismo sob todas as suas formas. São essas algumas das variáveis independentes dessa função que é a evolução dos dois sistemas socioeconômicos.

Prever a desintegração do império soviético ou a derrubada da burocracia estalinista; prever a derrubada da burguesia nos países capitalistas ou a consagração de um modelo reformado de capitalismo está ainda ao sabor das preferências pessoais ou grupais, mais do que do espírito de investigação científica.

O que não significa, porém, que se deva contemplar a realidade como fato consumado. Há espaço para um trabalho de construção, no qual a ação, nutrida por valores éticos e pela ciência, procure moldar uma nova realidade, tendo sempre em vista que ela será o fruto da intervenção da vontade humana que vá ao encontro do desdobramento das realidades, e tendo-se em mente que todos os sistemas apresentaram soluções imperfeitas dos problemas humanos, problemas que talvez não sejam passíveis de soluções perfeitas.

Islamabade, 1978.
Brasília, 1983.

I M P R E S S Ã O

IMPRENSA OFICIAL
SERVIÇO PÚBLICO DE QUALIDADE

Rua da Mooca, 1921 São Paulo SP
Tel.: (11) 6099-9457/6099-9529
CNPJ 48.066.047/0001-84
http://www.imprensaoficial.com.br